PETER DRAXL

geb. 1970 in Villach. Erlernte das solide Handwerk des Industriekauf-
manns, widmete sich jedoch bald seinem liebsten Hobby: der Musik.
Head of Domestic Marketing bei EMI Records. Nach dem Verkauf des
Unternehmens setzte er seine Karriere bei Universal Music Austria fort
und erklomm die Karriereleiter bis ins Top-Management. Teil der Karriereschmiede großer Stars, von den Rolling Stones bis U2. Vor zwei
Jahren verließ er die Konzernwelten und ist seitdem in der Kommuni-
kation tätig, schreibt und fotografiert für sein Leben gern, wenn er
nicht gerade auf seiner Harley Davidson die Welt bereist.

PETER DRAXL

PAPA PEINLICH

DER ROCK'N'ROLL-DADDY UND SEIN TEENAGER

MILENA

INHALT

INHALT

FÜR DAS BESTE KIND DER WELT

PROLOG

Liebe Leser, die ihr bis jetzt durchgehalten habt, willkommen im Club der erziehenden Erwachsenen. Dieses Buch ist für euch, es soll Spaß und Freude bringen. Ihr werdet euch bestimmt in der einen oder anderen Geschichte wiederfinden. Und das Buch gehört bitte aufs Nachtkastl. Damit die schweren Gedanken am Ende eines harten Arbeitstages einem sanften Grinsen im Gesicht weichen. So schläft sich's auch besser. Und in gedruckter Form kann man damit ausgezeichnet Gelsen erschlagen.

Nehmt euch selbst und diese Welt nicht zu ernst. Das machen alle anderen schon mit extremer Hingabe. It's all about having fun.

DIE HOHE KUNST DER SCHLICHTUNG

Schreiben will gelernt sein. Oder man schreibt einfach jahrzehnte-
lang. So lange, bis man es endlich flüssig lesen kann und auch ver-
steht.

Was ich hier mache? Ich schreibe. Ein Buch. Ja, ein Buch! Da gibt's
überhaupt nichts zu lachen, ja, ich schreibe ein Buch. Was heißt,
ich kann überhaupt nicht schreiben? Was heißt hier, so gut wie
ich eislaufen, reiten oder Schlagzeug spielen kann?! Ich hab
schon geschrieben, da hast du Jacke und Hose noch in einem
Stück angezogen! Was soll das Gelächter jetzt? Klar erscheint
das. Glaubst du, ich mach das, weil mir so fad im Schädel ist? Im
März. Natürlich nächstes Jahr, wir haben schon August, Kind
Gottes. Da ist der Vertrag, schau, unterschrieben, alles rechtens.
Da gibt's überhaupt nichts zu grinsen.

Um eine unnötige Diskussion mit einer fast schon 15-Jährigen
vorzeitig zu beenden, krame ich in alten Zeitschriften herum.

5 Jahre alt, 10 Jahre alt, 15 Jahre alt. Ich hole alte Kinomagazi-
ne hervor. Alles schön geschlichtet. Chronologisch.

Da schau, das hat dein Vater geschrieben. Wer? Was heißt
hier wer? Na ICH. Logisch steht da ein anderer Name drunter, so
etwas nennt man Pseudonym. Das ist so etwas wie ein Künstler-
name. Nein, ich BRAUCHE keinen Künstlernamen, ich wollte einfach nicht unter meinem echten Namen. Was ist da jetzt schon
wieder so lustig? Klar war das ich! Glaubst du, ich erzähle dir hier
irgendwelche Märchen?

Ich krame weiter. Tiefer. Älter. Uralt.

Da hier, ein alter Jerry-Cotton. Ich hab den mal eingereicht. Ja, natürlich, nach dem Ersten Weltkrieg ... Nein, DAVOR! Wann sonst. Ich hab sogar mal einen Preis bekommen. Ich weiß selber nicht mehr, welchen, und ich finde ihn auch nicht mehr. Das ist überhaupt nicht *peinlich*, weißt du eigentlich, wie oft ich umgezogen bin? Da verliert man schon mal Zeug. Waas? So wie ich DICH damals beim Rodeln? Ich hab dich nicht verloren, DU bist runtergefallen! Jerry Cotton ist ein FBI-Agent in New York. Der einen roten Jaguar fährt. Ja, fast wie James Bond. Nein, ich hab keinen James Bond, ich hab einen Jerry Cotton geschrieben, hörst du mir eigentlich zu? Nein, veröffentlicht worden ist der nie. Da bin ich noch ins Gymnasium gegangen. Ja, stell dir vor, damals gab's tatsächlich schon Schulen. Wohl in der Witzkiste geschlafen heute? Weißt du eigentlich, wie jung ich noch bin? Sag jetzt bitte nichts Falsches.

Nein, ich werde nicht bald sterben, ich bin kerngesund und sehe aus wie Mitte 30! Wenn du nicht bald mit der Kuderei aufhörst ... ich schwöre dir ... (grinst selbst). Okay, okay, irgendwann hör ich sicher mit dem Rauchen auf. Aber heute – nicht. Jaaaa ... ich hab's dir zum 10. Geburtstag versprochen. I know. Ich hab ja auch aufgehört. Fast einen ganzen Tag lang ...

Weiter wird gekramt. Irgendwas meiner geistigen Ergüsse werde ich doch wohl noch finden in dieser unnützen Schachtel, die nur noch von Tixostreifen zusammengehalten wird.

Ah. Da ist es ja. Das war mein erster Roman, »Nusspalatschinken. Ein Liebesroman«. Eigentlich eine urtraurige Geschichte. Leider ist mir der PC damals verreckt und der Roman war dahin. Es gibt nur diesen einen Ausdruck, und da fehlen ein paar Seiten. Ich finde das jetzt gar nicht witzig. Du kannst ihn ja abschreiben, wenn du Lust hast, dann lernst du endlich das 10-Finger-System. Hahaha. Ja, genau. Du kannst überhaupt alles. Du kannst sogar Gitarrespielen, nur weil du viermal eine Kindergitarre in der Hand gehalten hast. Ich kenne dein 2-Finger-System. Damit wirst du nicht weit kommen. Ich? Ich schreibe blind. Inklusive Nummernblock.

Um was es eigentlich geht? Im Buch geht's um dich und mich. Lustige Erlebnisse, Kurzgeschichten, alles, was wir so gemeinsam angestellt haben. Okay, wenn du so willst: alle meine Peinlichkeiten. Aber auch deine! Da fallen mir genug ein. Zum Beispiel die Geburtstagsfeier damals, als du deine Schulkollegen öffentlich hingerichtet hast. Oder wie du am Ende der 4. Klasse Volksschule den armen Kerl zusammengeschlagen hast. Hahaha. Brauchst gar nicht so zu schauen. Ich fand's lustig. Magst du mir bitte helfen? Mein Erinnerungsvermögen ist das beste nicht, ich hab da hin und wieder Lücken. Nein, das ist nicht der Kalk! Das ist einfach weil ... ich war halt viel unterwegs ... Weißt du eh. Und der ganze Stress. Was heißt hier betrunken, wann war ich bitte in deiner Gegenwart besoffen? Ja. Ich hab laut Musik gehört, na und? Natürlich singt man da auch manchmal dazu, wenn es einem gefällt. Machst du das nie? Na also. Das war kein Getanze, ich hab Luftschlagzeug gespielt. Nicht im Ernst. Du wirst doch wohl wissen, was eine Luftgitarre ist? Und das ist eben Luftschlagzeug. Was lernt ihr eigentlich in dieser sündhaft teuren Schule?

Gut. Ich gebe also auf, Goldlöckchen zu erklären, dass ich hier und jetzt ein Buch schreibe. Die wird sich noch wundern. Ihre handsignierten Exemplare ziehe ich ihr nämlich vom Taschengeld ab! Panem et circenses.

TATTOO FOR YOU

Es gibt keine Midlife-Crisis. Das ist eine Erfindung von Gail Shee-hy, einer Autorin, die Mitte der Siebziger ein fragwürdiges Buch schrieb. Alles nur Erfindung! Aus, basta.

Wenn man den Vierziger mal souverän überschritten, die zweite Metabolic-Diät hinter sich hat und zu joggen beginnt, dann ist was faul im Staate Dänemark. Shakespeare, Hamlet. Meint man. Stimmt aber nicht.

Ab einem gewissen Alter erkennt man eigentlich nur, dass das, was man sich mit in jungen Jahren als Leben vorgestellt hat, die letzten 20 Jahre eigentlich nur noch ein Herumgefahre in unsinnigen Klamotten und teurem Auto von einem Hamsterrad zum andern war. Karriere. Geld. Macht. Einfluss. Wie schaffen es andere, sich Netflix-Serien anzusehen? Bücher zu lesen?

Lifestylechange in 5 – 4 – 3 – 2 ...

Ich erfülle mir also einen Jugendtraum und forsche den besten Tätowierer der Stadt aus. Sagt man ihm nach. Dort einen Termin zu bekommen, ist schwieriger, als Barack Obama zu einer Sonntagsgrillage nachhause einzuladen. Ich finde einen »Fürsprecher« – ja, so was braucht man, um in die heiligen Hallen (einen finsteren Keller ohne Licht und Luft) vorgelassen zu werden.

Nach dem Lokalaugenschein meiner Person und ein paar prüfenden Fragen, die meiner ernsthaften Absicht und Zurechnungsfähigkeit gelten, gestattet mir der Künstler, eine Handvoll

Termine mit ihm auszumachen. Gnädigsten Dank, Euer Durchlaucht. Endlich kann ich meinen verwelkenden Körper mit Kunst verzieren.

Der erste Termin verläuft erstaunlich entspannt. Ich bin vorbereitet wie Robbie Williams auf eine Stadiontour. Weiß ganz genau, was ich will, habe ein Konzept, einen Plan, Ideen, ich habe gegoogelt, gepinterest, gefacebookt, geinstagramt, alles ausgedruckt, alles mit, eine Mappe voller Ideen. Der Meistertätowierer findet zwar 99,8 % meiner Mappe zum Schmeißen, aber meine Ansätze super und zeichnet mir mit Lippenstift grob, aber elegant eine Skizze auf die Schulter. Mit der Selbstverständlichkeit und Zielsicherheit eines Michelangelo.

Beeindruckt unterwerfe ich mich dem genialen Geist. Obgleich das Werk ganz anders aussieht als geplant, fühle ich mich verstanden wie selten zuvor.

Die Naglerei dauert Stunden, in der Halbzeit stellt sich so was wie eine Schmerztrance ein, vielleicht liegt's auch am Luftmangel, an den Rauchschwaden, die nicht von Trafikwaren herrühren, ich bin auf jeden Fall nur noch halb anwesend und durchlebe derweil die Oberstufe Realgymnasium noch einmal. Lustig war's, bis auf den einen Vollspacko, dem ich nach ewigem Getrieze leider einen Vorderzahn ausschlagen musste. Der just in meiner Faust stecken blieb.

»So!«, meint der Meister nach Ich-weiß-nicht-wie-langer-Zeit, wischt mir das Blut und den Lippenstift von der Schulter und stützt mich etwas knieweich zu einem Spiegel. Herr im Himmel, ist das schön! Das hätte ich mir selber nie vorstellen können! Ich zahle, was immer er verlangt, werde eingecremt und foliert und trolle mich Richtung Heimat. Stolz. Erfreut. Blutend. Schmerzerfüllt. Das ist das Leben! Ein Jugendtraum wird wahr.

Und jetzt bitte noch das beeindruckte Gesicht einer 13-Jährigen, die mich als coolste Vatersocke aller Zeiten bewundert. Glück, ich komme.

Daheim angekommen, dringe ich ins Kinderzimmer vor, packe mich aus, rupfe mir Folie samt Klebestreifen vom Schulterstück und präsentiere stolz die Sixtinische Kapelle des ungarischen Michelangelo auf meiner linken Schulter.

Nach kurzem Interesse zerfällt das kleine Gesicht meines Kindes in seine Einzelteile, die Gesichtszüge entgleisen ihr schlagartig, und anstatt Lob und Anerkennung als Ausdruck wiederzufinden, erspähe ich blankes Entsetzen.

»*Ist das ein echtes Tattoooo ...?*«, werde ich mit leicht genervter Stimme gefragt.

Nanonaned. Das ist ein Abziehtattoo aus der *Bravo*, das ich mir mit Spucke auf die Schulter geklatscht hab.

»Klar«, antworte ich etwas verunsichert vorsichtig. »Voll echt. Und das ist erst der Anfang, die andere Schulter wird noch besser!«

Aus dem Entsetzen wird unheilvolle Ablehnung. Ich höre mir an, was ein Drittklässler, Unterstufe einer katholischen Privatschule, von echten Tätowierungen, Piercings, generell von Alkohol- und Nikotinkonsum und lautem Musikhören eigentlich hält.

»*... und das in DEINEM Alter!*«

In MEINEM Alter? Wie bitte? Mein Leben fängt doch grad erst an, du Halbling, Hobbit, du Spießer aus einer »Klosterschule« mit Schuluniform und Vollkornbrotjause. Was soll eigentlich mal aus DIR werden, wenn du groß bist?

Jetzt nicht nachdenken. Die Hoffnung stirbt zuletzt. Und nach der zweiten Schulter kommt der Rücken auch noch dran. Bis der Exorzist der Ursulinen ausrückt. Ende der Diskussion!

KINDERGEBURTSTAG DESERT STORM

Man fragt sich, was einem lieber ist. Einen Kindergeburtstag durchzustehen oder in den Irak einberufen zu werden, um Kuwait zu retten. Ich kann mich ernsthaft nicht entscheiden.

Drehen wir das Rad der Zeit doch ein wenig zurück und den Spieß um. Es gibt auch Momente im Leben eines Vaters, wo nicht ER ein Glanzstück zum Gaudium oder Entsetzen seines Nachwuchses hinlegt, sondern wo das Töchterlein aufzeigt und sich binnen weniger Sekunden disqualifiziert. Und zwar radikal.

Kindergeburtstag.

Wer kennt das nicht? Die Einladungsliste ist elendiglich lang, die ganze Schule muss kommen, nein, der ganze Bezirk, es wird runtergestrichen, zusammengestrichen, diskutiert, gemault, verhandelt. Was tun mit den Eltern? Manche liefern ihren Balg nur ab, manche wollen dableiben, wer bleibt, wer geht? Man weiß es nicht, muss aber vollständig vorbereitet sein.

Getränke, Essen, Wegwerfgeschirr, keine spitzen Gegenstände, Haustiere in Sicherheit gebracht, bunte Girlanden, Luftballons, die Wohnung komplett umgeräumt, um eine Mischung aus Heurigenbuffet und Kinderspielplatz zu errichten. Die Nerven liegen blank. Vor meinem geistigen Auge tauchen Horden randalierender Kinder auf, die eine Schneise der Verwüstung durch die gesamte Behausung ziehen.

Darauf ein Fläschlein Bachblütentropfen, weg mit der Pipette, ex rein damit. Die Wirkung ist etwas kärglich, aber spürbar.

Es klingelt. Es geht los, die Ersten treffen ein. Es klingelt andauernd, es hört nicht mehr auf zu klingeln, warum hält sich denn keiner an die Uhrzeit auf der Einladung, sie strömen in Massen zur Geburtstagsparty, und die meisten der Eltern wollen auch noch bleiben. Bitte, wo sind die Bachblütendragees? Ich hab doch noch welche!

Man labt sich an Schnitzel, Frankfurter, Weißbrot, an Säften und Wasser. Die Geräuschkulisse ist ohrenbetäubend, ein Rammstein-Konzert ist angenehmer. Die Kinder fetzen durch alle Räume, wo sie keinen Zutritt haben, die Erwachsenen unterhalten sich, und ich will bitte jetzt und gleich in den Golf einberufen werden. Ruhe, Frieden (?), Wüste. Auch wenn ich mit einem Hammer Landminen entschärfen muss, bitte holt mich gleich einer ab.

Der Gabentisch quillt über vor lauter Mitbringsel, die kein Mensch braucht, es ist alles zu viel, im Hintergrund plärrt noch der CD-Spieler irgendwelche stumpfsinnigen Kinderlieder mit ewig gleichen Reimen und Refrains, doch bevor ich endgültig zum Handy greife und die US Navy Seals um Rekrutierung bitte, passiert etwas Wunderbares. Etwas Einzigartiges.

Mein Kind schiebt einen Stuhl in die Mitte des Raums. Scheinbar hat sie etwas zu sagen. Es wird still. All eyes on her. Sie klettert auf den Stuhl, mit einem Zettel in der Hand, dem Selbstbewusstsein von Dwight D. Eisenhower und beginnt mit einem: »Bitte, alle mal herhören!«

Alle Selbstmord- oder Fluchtgedanken weichen brennender Neugier. Was bitte hat dieser Stoppel jetzt vor?

»Also, ich hab hier eine Liste vorbereitet und erzähle euch jetzt, wen ich mag, wen ich nicht mag, und wen ich ganz besonders mag ...«

In diesem Moment einen Schluck vom O-Saft zu nehmen, ist

keine gute Idee, ich verschlucke mich, ich ersticke fast daran, ich pruste das Gebräu lautstark auf die Wand hinter mir. Ernst jetzt? Ja.

Sie zieht das durch und liest mit der Ruhe einer Literatin ihre Like- und Unlike-Liste vor. Als ich wieder halbwegs Luft bekomme, beginne ich schallend zu lachen, die vorher aufgestaute Anspannung potenziert sich zu fassungsloser Hysterie, kann bitte jemand »Klappe, Take im Kasten« rufen? Die Coen-Brüder zum Beispiel wären jetzt passend.

Am Ende ihrer Liste steigt sie selbstbewusst von ihrem Sesselthron und tut auf völlig normal. Es ist leise geworden. Um nicht zu sagen gespenstisch ruhig. Nur langsam setzen wieder zaghafte Gespräche ein, die Verwunderung ob dieses meisterhaften Kommuniqués ist den Gästen mit Hammer und Meißel ins Gesicht gehauen. Das Geburtstagskind beginnt zu erkennen, dass vielleicht irgendetwas nicht stimmen könnte. Ich gehe sanft zu ihr hinüber und bringe mich auf Augenhöhe.

»Kind, das kannst du doch nicht machen, das ist doch urpeinlich, du kannst doch nicht deine geladenen Gäste öffentlich hinrichten.«

Ich ernte ein Nasenrümpfen gepaart mit einem aufblitzenden Funken der Erkenntnis in diesem kleinen Gesicht.

»Das Einzige, was peinlich ist, ist, dass DU die Wand angespuckt hast.«

Sie dreht mir den Rücken zu und fort ist sie. Sind wir quitt? Nein, ich glaube nicht. Zwischen sich verschlucken mit einer nachfolgenden kleinen O-Saft-Explosion und einer öffentlichen Anprangerung ist ein feiner Unterschied. Aber Respekt, kleines Fräulein, diesen Mut wünschte ich mir bei so mancher Parlamentssitzung.

HIGHWAY TO HELL

Jeder braucht ein Hobby. Auch wenn es noch so sinnentleert, peinlich, unnötig und unpassend ob des hohen Alters scheint. Hauptsache, Spaß.

Es war einmal in einer lauen Sommernacht. Zwei wohlgelaunte Ritter saßen zu Hofe in einem Lustgärtchen und frönten ihren Schoppen. Und es ward nicht einer, nein, es waren derer viele. So geschah es, dass die stolzen Edelmänner bei Anbruch der Dunkelheit in allerlei lustig Gedankenspiel eintauchten, um am Ende einen goldenen Plan zu schmieden. Medievale Musik solle gemacht werden, auf dass sie das Ohr erfreue und das Auditorium juchzend und jubilierend Beifall zölle.

Wir waren an diesem Abend zwar hackedicht, konnten uns aber am nächsten Tag trotzdem noch erinnern, einen Studiotermin vereinbart zu haben. Mein Freund spielt seit circa 3 Monaten Gitarre, und ich bin etwa seit 25 Jahren nicht mehr vor einem Schlagzeug gesessen. Und damals war ich schon ziemlich schlecht. Autodidakt. Im Keller eines Schulfreunds haben wir wild auf Becken, Bass Drum, Snare, Hi-Hat und Tomtom eingeprügelt und versucht, Songs von Genesis nachzuspielen. Um der Selbstüberschätzung noch die Krone aufzusetzen, entstand anschließend eine Band, die es wie keine andere verstand, einen Turnsaal in Sekundenbruchteilen leerzuspielen. Ich war Phil Collins, by the way. Drums und Gesang ... (Punkte, sehr viele Punkte jetzt).

Ausgemacht ist ausgemacht, und so treffen wir uns an besagtem Wochenende im Tonstudio unseres Vertrauens und versichern uns schnell, dass die Kammer im Keller hundertprozentig schalldicht und auch nicht videoüberwacht ist.

Ha! Ich richte mich auf dem Platzerl hinter den Trommeln ein. Bis die Hockerhöhe passt, die Pedale der Bass Drum (das ist die große dicke auf dem Boden, die man mit dem rechten Fuß spielt) richtig liegen, die Becken (diese goldenen, verkehrten Riesenteller) meinen Schwung auf die Snare (die Rhythmustrommel) nicht mehr stören und das Hi-Hat (das Auf-und-zu-Dingens, das mit dem linken Fuß bedient wird) in der richtigen Höhe festgeschraubt ist, vergeht schon mal die erste halbe Stunde. Diese Zeit braucht mein Kollege auch, um den richtigen Stecker in das richtige Loch des richtigen Marshall-Verstärkers zu stopfen, damit die Gretsch (ein Gitarrenmodell, u. a. auch von Malcolm Young von AC/DC verwendet) auch richtig fetzt. Rasieren muss so eine Gretsch! Wenn man das Gesicht vor den Verstärker hält, müssen die Bartstoppeln fliegen, erst dann ist es gut.

Eingerichtet. Jetzt noch das iPad mit dem Playback drauf zum Nachspielen in den richtigen AUX-Eingang gepfriemelt, und es kann losgehen.

Es geht auch los, aber so was von.

Meine motorischen Fähigkeiten haben in den letzten Jahren anscheinend etwas nachgelassen. Vier Gliedmaßen einzeln zu koordinieren und aus dem Cortex praefrontalis heraus anzusteuern, ist schwieriger als gedacht. Die Schienbeinmuskulatur, nötig für eine satte, treibende Bass Drum, habe ich leider zuhause vergessen. Es ist ein Desaster! Ich finde weder Rhythmus noch Technik noch Tempo. Derweil das E-Gitarrengeschrumpel aus der anderen Ecke des Studios einer Kreissäge gleicht, die permanent schreiende Katzen durchschneidet. Immer und immer wieder, eine nach der anderen.

Effektgerät justieren. Rauchpause. Wir starren uns mit hochroten, verzweifelten Gesichtern an. Ich hab meinem Goldlöckchen gesagt, länger als 1-2 Stunden wird's hier nicht dauern, sie soll nachkommen, dann gehen wir gemeinsam auf den Markt bummeln. Bitte, die darf mich so nicht sehen, ich entmaterialisiere mich, ich verstecke mich im Marshallturm, ich lasse sie blitzdingsen, whatever, bitte nicht in dieser erbärmlichen Selbstdeklassierung. Wir reißen uns jetzt zusammen, das darf doch nicht wahr sein!

Zwei Männer, ein Wort. Und wir reißen uns. 90 Minuten lang höchste Konzentration. Ein und dieselben zwei Minuten, immer und immer wieder. Wie Maschinen, RoboCops, Terminatoren, Rambos. Wir haben eine Mission, ein Ziel, einen Auftrag. Eine Minute mit erträglichem Sound werden wir doch wohl schaffen. 30 Sekunden? Oder? Die Kleidungsstücke werden weniger, die Rauchschwaden mehr. Es ist heiß, es ist stickig, aber es liegt ein unbändiger Willen zum Sieg, zum Erfolg in der Luft.

Und da. Endlich! Es ist so weit! Wir haben UNS gefunden, wir sind im Takt, jeder spielt (in etwa) dasselbe, es klingt verkraftbar, keine groben Schnitzer, nur leichte Aussetzer. Eine halbe Minute, eine Minute, eineinhalb Minuten – bis mir ein Wadenkrampf den Heureka-Moment zerstört.

Stille. Ich höre ein mir sehr vertrautes Lachen dumpf aus dem Hintergrund. Prüfender Blick zur Tür. Aus einem kleinen offenen Spalt lugt das Gesicht meines Lieblingszwergs hervor, es grinst wie Enrico, der Clown, und kudert wie ein kaputter Lachsack.

»Das nennt ihr Musik? Hahaha ... das ist einfach nur ... hahahaha.«

So. Jetzt hau dir mal die Tür vor der Nase zu. Frechheit! Du wartest jetzt draußen, dort beim Automaten gibt's ein Fanta, und Pause jetzt.

In meinem geistigen Ohr höre ich sie immer noch durch die schalldichte Tür kreischend lachen. Zur Hölle, das darf doch nicht … Wir machen jetzt weiter, und zwar so lange, bis wir klingen wie das verdammte Playback. Und wenn wir am Dienstag noch da sitzen.

Zwei Männer, ein Wort – auf dem Highway zur Hölle. Zeitsprung – Dienstag. Nein, Scherz.

AUSPUFFSNEAKER

*Schuhe muss man hin und wieder putzen. Dr. Martens sind
irgendwie selbstreinigend, die Sneakers meiner Prinzessin jedoch
nicht.*

Bei Vans denke ich sofort an einen Auspuff. Vans & Hines. Die
Auspuffmarke für Harley-Davidson-Fahrer. Die mit dem satten
Klang und dem höllischen Knattern, wenn man die Dämpfer entfernt. Die man kilometerweit hört und die erst so richtig geil klingen, wenn man durch einen Tunnel fährt. Dann brummt einem
unter dem schalldichten Helm selber der Schädel. Vor Freude.

Irgendwann musste ich den Dämpfer wieder reinschrauben.
Weil des Nächtens jedes Mal alle Lichter in den umliegenden
Häusern angingen, wenn ich dezent nach Hause tuckerte.

Es gibt allerdings auch Sneakers, die Vans heißen. Und die
muss man als Oberstufenmensch unbedingt haben. Vati ist
urbrav, hat sich mit einer gehörigen Portion Widerwillen ein
Konto bei Zalando eingerichtet und bestellt Vans. Grobes Karo.
Schwarz-weiß. Größe 36. Um das Geld gehe ich zweimal gepflegt
Schweinerippchen essen, mit zwei Freunden. Aber bitte. Wer
kann diesen großen Kulleraugen schon widerstehen.

Wochen später. Ich putze zweimal im Jahr meine Schuhe. Wie
erwähnt – Docs sind selbstreinigend. 12-Loch, 9-Loch, 4-Loch.
Mehr Schuhe brauche ich auch nicht, damit komme ich durch
jede Jahreszeit und jede Situation. Von hohem Schaft bis Halb-
schuh. Wer Martens kennt, weiß, die halten ein Leben lang. Und

länger. Wenn man mich in meinen Schuhen beerdigt und Jahrhunderte später ausbuddelt, bin ich zerfallen, doch das Schuhwerk ist wahrscheinlich unversehrt.

Sonntagvormittag. Teenie schläft, wahrscheinlich bis zum frühen Nachmittag, gestern war eine Party, von der ich – aus reinem Selbstschutz – keine Details erfragen will. Was ich nicht weiß ... usw.

Also Lederöl, sanfter Lappen, liebevolle Behandlung meiner Treter. Mein Blick fällt auf ihre Vans. Die sind doch erst wenige Wochen alt und sehen aus wie Sau! Was treibt dieses Kind eigentlich, Paris-Dakar-Rallye? Wie können Schuhe nach so kurzer Zeit so aussehen? Vollgeschmiert mit Filzstiftgekritzel in allen Farben, verdreckt, unansehnlich. Wer malt diesen Müll auf die Schuhe? Machen die das in der Schule? Wann? Wozu? Ich erinnere mich an meine Jogging High. Die waren blitzeweiß. Immer wenn mir jemand auf den Fuß trat, wollte ich ihn köpfen, pfählen, vierteilen und als Warnung für alle anderen in die Aula des Gymnasiums nageln. Mit einem Schild auf seiner toten Brust.

Jogging High hatten Mitte der 80er blütenweiß zu sein!

Ich mache mich aus Fadesse über die Vans her. Mit Lederöl werde ich hier wohl nichts ausrichten, also ab in die Küche. Scheuermilch. Akribisch beginne ich mit Schwamm und Milch den Dreck von den Sneakers zu entfernen. Es wird. Mit Geduld und viel Gerubbel zeigt sich langsam wieder so etwas wie eine weiße Fläche. Aber diese Kritzeleien ... Zippo-Benzin, Küchenrolle. Hat immer noch funktioniert. Ich schrubbe, putze, scheuere, spüle sanft nach, wische, reinige. Die Vans kosten mich mehr Zeit, als alle meine Bock gemeinsam. Mit echtem Leder ist es auch leicht: Öl einmassieren, wirken lassen, fertig. Die saufen sich von selber voll, irgendwie wie der Österreicher.

Nachdem ich mit dieser Prozedur fertig bin: Nachbehandlung. Damit die schweinerippchenteuren Schuhe nicht mehr Dreck ansaugen als ein Dyson. Imprägnieren. Einsprühen. Trocknen lassen. Fertig. Sanft die Tür zu ihrem Zimmer öffnen, Schuhe reinstellen. Ich bin stolz. Die Sneakers sehen tatsächlich aus wie neu.

Prinzessin erwacht, trollt sich ins Bad, retour in ihr Zimmer, fertig anziehen. Durch zwei geschlossene Türen dringt ein Geschrei, welches ich just in diesem Moment nicht einzuordnen weiß. Nach Dankbarkeit oder Freude klingt es aber irgendwie nicht. Die Tür knallt auf. Ein knallrotes Gesicht mit schreckensgeweiteten Augen blitzt mir entgegen, die Sneakers in der Hand.

»Was hast du mit meinen Schuhen gemacht, was stimmt mit dir nicht?!«

Nanana, mein Kind, mäßige dich. So spricht man nicht mit mir. Ich hab sie geputzt, weil sie ausgesehen haben, als hättest du damit zwei Wochen in einer Jauchegrube verbracht. Und das Geschmiere ist jetzt auch weg.

Es folgt eine umfangreiche und sehr emotionale Erklärung, dass sich JEDES Mitglied der Klasse auf diesen Schuhen verewigt hatte. Ein wochenlanger Prozess. Und jetzt ist alles weg. ALLES. Das ist unfassbar peinlich, und mit solchen Schuhen kann Gnädigste nie wieder das Klassenzimmer betreten. NIE WIEDER. Weil sie jeder fragen würde ... ach, ist mir doch ... leider nicht egal. Woher soll ich denn verdammt noch mal wissen, dass so ein Paar Sneakers das Poesiealbum der Neuzeit darstellt? Ich geh jetzt meinen Auspuff putzen. Der heißt auch Vans. Bis du dich beruhigt hast. Also bis Ostern dann. Hätte ich doch um das Geld Rippchen essen gehen sollen.

MEERSCHWEINCHENLOCKE

*Selbst ist der Mann! Haarefärben kann ich. Meine eigenen. Seit
Jahrzehnten. Kann doch bei so einem kleinen Menschen auch nicht
so schwer sein.*

Irgendwann mit zwanzig kam mir in den Sinn, dass meine
schwarze Lederhose, das schwarze Ledergilet, das schwarze
T-Shirt drunter und die kackbraunen Haare nicht wirklich
zusammenpassen. Um ehrlich zu sein, meine Naturhaarfarbe sah
eher aus wie die einer Ratte. Einer alten Kanalratte, die sich soeben ausgiebig in einer Kloake suhlt. Also nicht so schön. Ich
begann zu färben. Erst knallschwarz, dann dunkelschwarz,
schwarz-braun, braun-schwarz. Und da stehe ich heute immer
noch. Nach tausenden Selfmade-Haarfärbungen kann ich es einfach. Im Schlaf. Weckt mich, ich färbe mir die Haare mit
geschlossenen Augen und leg mich eine halbe Stunde später
wieder hin. Vorher blind auswaschen. Selbstredend.
      Gegenwart. Der gemeine Frisör, der was auf sein Gewerbe hält,
verweigert doch glatt und gelockt meinem Revoluzzerkind das
Haarefärben. Dabei müsste jetzt ganz dringend eine neue Haar-
farbe her. Alle in der Klasse beginnen nämlich sich die Haare zu
färben. ALLE. Manche davon sehen leider aus, als wären sie
einem geplatzten Atomreaktor zu nahe gekommen, aber mit
ganz viel Geduld und gutem Zureden finden wir einen Kompro-
miss: Gefärbte Haarspitzen in Blau oder Rosa kommen mir nicht
in mein Gesichtsfeld, bitte. ICH färbe sie dir. Du kannst dunkle

Strähnchen haben, wir können sie überhaupt dunkler machen, aber bitte keine Farbenspielexperimente. Plus – wir nehmen keine dauerhafte Färbung, sondern eine gute, lang anhaltende Tönung, die sich in ein paar Wochen ausgewaschen hat. Weil, ich kenn dich. In sechs Wochen bist du schon wieder ein anderer Mensch, mit anderer Schuhgröße und anderen Ideen, Neigungen, Interessen, willst tätowiert werden oder sonst was. Okay?

Meine Fähigkeiten als Meister der Glamourfrisur werden selbstverständlich schwer in Frage gestellt, aber da mein Haupthaar immer recht appetitlich aussieht, ernte ich irgendwann so was wie Zustimmung.

Goldlocke und ich rücken also zum Drogeriemarkt aus und gustieren die Farbpalette durch. Ich hätte mit einem Zeitaufwand von circa 10 Minuten gerechnet, und mit Ausgaben in der Höhe von maximal 15 Euro. Nach einer Stunde haben wir die passende Farbe gefunden, nein, doch dauerhafte Tönung, und nach einer weiteren halben Stunde alles an brauchbaren Pflegespülungen und einem Glätteisen auch noch. Muss sein. Locken sind mittlerweile nämlich out. Jeder hat nämlich glatte Haare mit vierzehn. JEDER. Wusste ich nicht, aber bitte. Man lernt nie aus.

Die Aufregung im Badezimmer ist groß. Handtuch um die Zwergenschulter, ich drücke Tube in Fläschchen, ziehe Handschuhe an und los geht's.

»Willst du nicht erst mal durchlesen, was da steht?«

Ich färbe mir seit 1492 die Haare, ich brauch das nicht zu lesen, ruckzuck auftragen, 25 Minuten einwirken lassen, auswaschen, fertig.

Ich starte und werde misstrauisch im Spiegel beäugt, begleitet von unsagbar vielen Handlungsanweisungen, die meiner Konzentration zum Opfer fallen. Wie schön.

Nach wenigen Minuten schwant mir Fürchterliches. Meine Haarpracht ist ungefähr 15 cm lang, die meiner Bald-nicht-mehr-Goldlocke ungefähr einen halben Meter.

Zwei Minuten später werde ich extrem unlocker. Die Flasche ist bald leer, und ich bin Lichtjahre von einer vollflächigen Färbung entfernt. Cool bleiben jetzt, Souveränität ausstrahlen. Alles im Griff. Kindi ist natürlich genauso clever wie ihr Superdad und bemerkt auch erst sehr spät, dass das Fläschlein leer ist, und ihr Kopf noch kaum mit Farbe bedeckt. Das Gezeter jetzt in Einzelheiten zu schildern, erspare ich uns allen. Frauen sind problemorientiert, Männer lösungsorientiert. Ich heuchle vollständige Kontrolle über die Situation.

»Warte mal, kein Problem, ich lauf kurz rüber und hol noch eine Packung. Dauert nur zwei Minuten.«

Der Laden ist tatsächlich nur 300 Meter entfernt, ich werfe mir eine Jacke über und renne aus dem Haus, shit, Flip-Flops angelassen, egal, Farbe holen. Welche Tönung war das nun genau? O nein, bitte nicht. Wieso hab ich die Packung nicht mitgenommen? Es klang wie ein Eis … Cookies, Schoko, irgend so was. Meiner Intuition folgend, greife ich zur Keksfarbe, zahle, hetze in Schlappen retour, Jacke fliegt ins Eck, Schachtel aufgerissen, Handschuhe, weiter geht's.

Aus den Augenwinkeln sehe ich die zwei Kartonverpackungen auf der Waschmaschine liegen. Die sich ziemlich voneinander unterscheiden. Ich konstatiere meiner Intuition in Extremsituationen elendiges Versagen, bleibe künstlich ruhig und färbe zu Ende. Dass auch die zweite Flasche nicht ausreicht, erwähne ich nicht mal im Ansatz. Welch tragisches Wortspiel.

»So, alles fertig, jetzt lassen wir das 20 Minuten wirken, und dann ist das gut.«

25 Minuten später. Mich zerreißt's gleich. Ich bin nervös wie vor meinem ersten Metallica-Konzert. Schrille Schreie erklingen aus dem Badezimmer.

»Na, gefällt's dir?«

Meine Stimme klingt übertrieben hoch und gesäuselt. Ein 1,55 Meter großer Orkan mit rotem Handtuchturban auf dem Kopf sticht aus dem Nassraum heraus und erklärt mir stimmgewaltig, sodass man es noch in der Innenstadt gut hören kann, dass dies alles eine Katastrophe sei. Ein Teil sei nicht gefärbt, ein Teil sei Schoko, einer Cookie, das Ganze sehe aus wie eine Meerschweinchenfrisur, und überhaupt sei das jetzt der Gipfel jeglicher von mir erreichten Peinlichkeit.

Ich setze das dampfende Nagetiermonster auf die Couch, entwickle unter bösen Blicken den Turban und muss lachen.

Ja, Kind, du hast recht. Du siehst aus wie ein Meerschweinchen. Ihr böser Blick verwandelt sich in Mordlust. Aber mach dir keine Sorgen, wir machen das morgen früh noch mal, mit drei Packungen derselben Farbe. Nein, deine Haare sind dann nicht kaputt, ich besorg auch noch irgend so ein Repairzeugs. Dann passt das. Vertrau mir. Es wird sicher alles gut werden, morgen. Bitte, lieber Gott.

ICH BIN DER KÖNIG DER WELT

Rief dereinst Leonardo im stundenlangen Epos »Titanic«. Die hatten zwar mit ihrem sinkenden Schifferl keinen Plan , aber immerhin eine coole Band an Bord.

Spätsommer in Wien. Endlich kann ich mir die Stadt ansehen. 25 Jahre anwesend, aber außer Clubs, Bars, Eventlocations, Veranstaltungshallen und meinem Büro nicht viel gesehen. Seit ich aus der 200-Stunden-Woche Entertainmentarbeitsmaschine raus bin, habe ich endlich Zeit. Und ich kann meinem Lieblingskind die Metropole zeigen. Was es hier alles gibt! Parks, Schanigärten, Natur, Seen, einen dicken breiten Fluss, Boote, Tiergärten, unfassbar!

Ich beschließ Samstagvormittag, heute geht's an die Donau. Wir werden uns ein Elektroboot mieten und ein paar Runden drehen. Das macht sicher Spaß. Drei Stunden später steht der Teen so gegen Mittag dann auch mal auf, und ich verkünde stolz meinen Nachmittagsplan.

Du kennst dich doch gar nicht aus, weißt du, wie wir dahin kommen, wo ist das überhaupt, draußen ist's urheiß, da sind sicher urviele Menschen, in der U-Bahn stinkt's, die Boote sind sicher alle weg, wozu soll das gut sein, vielleicht treff ich auch noch wen, den ich überhaupt nicht sehen will, außerdem muss ich lernen.

Mittlerweile hab ich gelernt, die Ohren einzuklappen. Man muss nicht immer alles hören. Man muss einfach handeln.

Google erzählt mir alles Wissenswerte, die Routenplaner-App anwerfen, öffentliche Verkehrsmittel checken, sitzt, passt, hat Luft, kenn mich aus. Raus aus der Hütte.

Okay, es sind ein paar Leutchen unterwegs heute. Die Luft in der U-Bahn könnte tatsächlich ein wenig besser sein. Es ist warm, würde ich mal sagen, von heiß kann aber wirklich nicht die Rede sein.

Nach einmal Umsteigen und einer 40-minütigen Fahrt durch den Bauch der Großstadt offenbart sich uns ein verträumter, wunderbarer Bootsverleih am dicken breiten Fluss. Donau.

Der Mietvorgang eines Elektroboots ist weniger komplex als angenommen. Kind lungert etwas deplatziert in der Ecke herum und beobachtet das Volk. Hoffentlich kennt sie hier niemanden, sonst kann ich mir das Gesummsel die nächsten Stunden ... Ich hinterlege den Führerschein, könnt's gerne haben, hab nicht vor, mit dem Boot ins Schwarze Meer abzuhauen.

Wir entern den Kahn. Ist das herrlich hier! Der Leinenlosmacher brabbelt irgendwelche Anweisungen und Ratschläge in seinen Bart. Hallo? Ich bin im Bundesland der Seen aufgewachsen, mir ist das Kapitänspatent in die Wiege gelegt. Leine los und Vollgas.

Die Geschwindigkeit des E-Dampfers lässt zu wünschen übrig. Speedboat is this not. Das ist die Donau? Gewaltig. Hätt ich mir nicht gedacht. Wir tuckern vor uns hin, lassen uns die Sonne ins Gesicht scheinen, ich hab längst die Orientierung verloren, aber mehr als stromab- oder aufwärts gibt's hier ohnehin nicht, wenn wir also irgendwo umdrehen, werden wir schon zurückfinden.

Kindi darf auch ein bissi fahren und freut sich. Glaub ich zumindest. Ich nehme das Ausbleiben von Kritik als stummen Freudenschrei.

Das Boot wird langsamer. Schleichend, aber merklich. Es schleppt sich über das Wasser, zähflüssig, kriechend. Das Elektromotorengeräusch wird sanfter, immer leiser, bis es verstummt. Wir gleiten still über das Wasser. Schau mich nicht vorwurfsvoll und fragend an, ich muss nachdenken. Wo sind wir eigentlich? Handy gezückt. Google Maps.

Die App fordert mich auf, das Telefon gen Himmel zu halten und in der Luft Achter-Schleifen zu zeichnen. Kompass kalibrieren, bitte. Nach 30 Luftschleifen reißt mir der Geduldsfaden. Was soll das alles? Was ist mit euch bei Google eigentlich los? Warum muss ich Achter zeichnen? Wieso fährt der Kahn nicht mehr? Und wie zur Hölle kommen wir hier wieder weg?

»Was hast du gemacht, wieso fahren wir nicht mehr und wie kommen wir hier wieder weg!?«

Augenverdreh. Ich könne doch beim Verleih anrufen und die sollen uns abschleppen kommen. Oder so.

ICH hab überhaupt nichts gemacht!

»Du hast sicher irgendwas gemacht, das ist doch urpeinlich, bitte. Dort anrufen und ...«

Aus jetzt. Sonst schwimmst du zurück. Die Sonne brennt mir auf den Schädel. Gedanken brennen in meinem Schädel. Der Bärtige wird doch wohl kein Schiff mit halbleerer Batterie vermieten? Oder doch? Alle fahren. Nur wir nicht. Was hat er beim Ablegen gemurmelt? Schiffsschraube. Irgendwas war mit der Schraube.

Ich robbe zum Heck der Titanic und starre auf das kleine Schräubchen, das fast nicht mehr zu erkennen ist. Ah, Schlingpflanzen! Das war's! Man soll aufpassen, wo man rumfährt, sonst verheddert sich Schraube in Pflanze und blockiert.

Ha!

Aquaman reißt sich das Gewand vom Körper und springt ins Wasser. Nach fünf Tauchvorgängen ist die Schraube wieder blitzeblank und frei von Gewächsen jeglicher Art. Alles wieder gut. Irgendwie schaffe ich es, meinen übergewichtigen Leib an Bord zu hieven und strahle. Wir sind gerettet – ich bin ein Superheld.

Fräulein Oberschlau schaut mich mitleidig an, und erklärt mir, dass man die Schraube vom Boot aus anheben und auch von dort aus reinigen kann. Wie beim Opa am See. Die Taucherei war zwar lieb, aber völlig umsonst.

Ich danke dir für den Input. Magst nicht doch zurück-SCHWIMMEN?!

CON(TRO)VERSE

Wozu braucht man echte Converse eigentlich? Was ist echt? Was ist unecht? Gewisse Dinge entziehen sich meinem Intellekt, meinem Verständnis, meinem Allem.

Ich hab Angst. Nackte Angst. Vor der Tatsache, mit einem Teenager bei offenen Läden durch DIE Einkaufsstraße der Stadt zu schlendern. Ich hab Angst vor jedem Geschäft, ich halte meine Brieftasche fest, warum hab ich Idiot sie nicht einfach zu Hause gelassen?

Ok, Kind braucht neue Schuhe und neue Jeans. Leider wachsen diese kleinen Menschen irre schnell, und was vor einem halben Jahr noch zu groß war, ist jetzt lächerlich klein ...

Gut, wir stürzen uns mit Todesverachtung – also ich jedenfalls – ins Gewühl. Schauplatz: Wien, Mariahilfer Straße, Fußgängerzone. Freitagnachmittag auch noch.

Wieso Freitag? Ich versteh das nicht, warum sind genau HEUTE früh anscheinend Hose und Schuhe zu klein geworden? Wachstumsschub über Nacht? O Gott, und alles, was gehen kann, ist natürlich genau heute auf den Beinen.

Rein ins Schuhgeschäft vom alten Franz. Kind wühlt sich aufgeregt durch die Regale und kommt freudestrahlend mit einem Paar Sneakers um die Ecke. Eh schön, denk ich mir und blicke auf den Preis. What the hell? Ein paar Sneakers in Größe 37 kosten knapp 100 Euro? Im Ernst? Mein erstes Auto hat nicht so viel gekostet, gut, damals waren es noch 1500 Schilling.

»Müssen es denn genau diese sein? Genau diese Marke? Es gibt noch andere, die sehen doch exakt gleich aus und kosten ein Fünftel, den Unterschied merkt doch keiner.«

Ich blicke in ein verschrecktes Gesicht, so als hätte ich gerade verkündet, dass draußen auf dem Platz Außerirdische gelandet sind, um endlich die Weltherrschaft zu übernehmen. Zeit wär's eigentlich.

»Papa, man erkennt auf den ersten Blick, ob das echte oder nicht echte Converse sind, ich kann doch nicht mit irgendwelchen 20-Euro-Schuhen in die Schule, die lachen mich doch alle aus!«

Vati bleibt stur. Wer bringt den Kindern eigentlich diesen Markenwahnsinn bei? Ich sicher nicht, die Lehrer schon gar nicht, wenn ich mir die ansehe, bin sogar ich als manchmal sehr geschmacksbefreiter Rock'n'Roller peinlich berührt. Also sind's die Mitschüler. Verdammt.

»Nein, wir suchen uns jetzt ein anderes Geschäft, und wir werden Schuhe finden, die komplett gleich aussehen und nur null Euro kosten!«

Teenager schmollt. Jo mei. Man schenke mir einen Esel, der Golddukaten kackt, und ich bin nicht mehr peinlich.

Nächstes Geschäft. Kind geht entweder fünf Meter hinter mir oder fünf Meter vor mir. Mit der Attitüde: Ich kenne diesen Menschen nicht. Der gehört nicht zu mir.

Nächster Schauplatz: Jeansladen namens amerikanische Metropole. Hier wird's leicht, denk ich. Falsch gedacht. Jeans sind nicht gleich Jeans, es muss nämlich G* draufstehen, alle anderen, die 25 Euro kosten, sind natürlich hässlich, schiach, dumm und voll peinlich.

Nächster Disput.

»Ich zahl doch nicht für jedes Trumm ein Vermögen, nur weil sie X oder Y heißen! In einem halben Jahr passt dir der ganze Krempel sowieso nicht mehr.«

So. Damit hab ich mich endgültig als Fashionikone versenkt. Für alle Zeiten nämlich. Aus den fünf Metern Abstand sind zehn geworden. *Dieser Kerl, der einfach nicht verstehen will, wie man sich heute kleidet, gehört sicher nicht zu mir!* Ich kann ihn an ihrem Blick erkennen, diesen warmen Hauch von Ärger, Geringschätzung, Unverständnis.

Jetzt reicht es mir. Teenager ins Auto gepackt und in die Shopping Mall gedüst, zu all den großen Läden, die wir alle so gut kennen, mit vernünftigen Preisen. Egal ob deutsche, schwedische oder spanische Kette, wenn wir hier nicht fündig werden, gebe ich auf.

Die zehn Meter Distanz schrumpfen wieder deutlich merkbar, ein Paradies an Auswahl, ein Eldorado an erschwinglichem, normalem Zeug. Schuhe ohne Stern, die aber komplett gleich aussehen, um null Euro!

»Du beschmierst sie ohnehin mit Filzstiften und in einer Woche sehen sie aus, als hättest du sie seit zwei Jahren durchgehend an, plus einen Triathlon hinter dir.«

Volltreffer! Erwischt! Haha, ich freu mich. Sneakers, Jeans, alles gefunden, die Distanz verringert sich auf 1 Meter neben mir, was wahrscheinlich blanke Resignation bedeutet. Oder vielleicht doch einen Hauch von Zufriedenheit?

Ich werd's wohl nie erfahren. Bleibe aber optimistisch.

SABBER RANKS

*Welch lustiges Wortspiel. Wer erinnert sich an den Megahit »Mr.
Loverman« aus den 90ern? Ich erinnere mich gut. An den Flug
nach London nicht mehr so.*

Ich habe überhaupt kein Problem mit dem Fliegen. Mittelstre-
cken: kein Thema. 4 bis 5 Stunden, Start, Essen, Film, Landung,
fertig. Langstrecken: na ja. Viel Platz, gemütlich, viele tolle neue
Filme, aber eben lang. Kurzstrecken: so knapp 2 Stunden – zum
Durchdrehen. Wien–London zum Beispiel. Nicht dass ich Angst
hätte, abzustürzen, nein, nein, fliegen ist sicherer als Autofahren.
Das Einzige, wovor ich Angst hätte – sollte der Flieger runter-
knallen –, wäre der Lärm an Bord. Dieses unerträgliche Geschrei
von hunderten panischen Menschen. Würden die sich alle leise
und friedlich ihrem Schicksal ergeben, vielleicht ein *Vaterunser*
murmeln oder ihren letzten Willen auf eine Serviette kritzeln,
okay, damit könnte ich – nur noch kurz – leben. Das machen die
aber sicher nicht, nein, die schreien wie am Spieß. Und Hysterie
halt ich nicht aus.

London. Ein verlängertes Wochenende in der britischen
Hauptstadt. Bummeln, shoppen, Market, schlecht essen, Tep-
pichboden im Badezimmer, Warteschlange vor jedem Scheiß-
haus, Sperrstunde um 23 Uhr, alles überteuert und überfüllt.
Schön.

Wir checken im British-Airways-Flieger ein. Erster Fehler. Ich
sollte schon wissen, dass das Futter aussieht, als wäre es aus

einem 3D-Drucker. Und auch genauso schmeckt. Die Prinzessin ist aufgeregt, ihr Koffer zu meinem Erstaunen halb leer – aber der soll ja eben bald gefüllt werden. Mit Zeugs, das es angeblich bei uns nicht gibt, von Marken, die angeblich ultracool und mir völlig unbekannt sind. Soll sein. Ich hab dort ohnehin am Montag geschäftlich zu tun, also hänge ich zwei Tage vorne dran.

Kurzstrecke. Zweieinhalb Stunden. Die Sitze sind kleiner als in der U-Bahn, die Zeit für einen Blockbuster ist zu kurz, außer halb lustigen Comedy-Kurzfilmchen gibt's nichts, die Verpflegung ist sowieso unwürdig. Auf dem Gang herumspazieren darf man nicht, elektronische Geräte benutzen wird mit Verachtung bestraft, mal kurz ein Fenster aufreißen oder rausgehen rauchen ist dito nicht gerne gesehen. Also was tun? Zwei Stunden lang eingepfercht und untätig durchdrehen?

Ich habe in weiser Voraussicht meine Hausärztin beschwatzt und Psychopax-Tropfen bekommen. 15 Tropfen eine halbe Stunde vorher und die stoische Ruhe sei gewährleistet.

Ich tropfe mir das Zeug schon am Gate ein.

30 Minuten später – die Zunge ist ein wenig taub, ja, aber sonst … Gut.

Noch 15 Tropfen. Gangplatz auch noch. Wo das Bein andauernd vom Getränkewagen überfahren wird.

Bitte, wirke, du Wunderwerk der modernen Medizin.

Startvorgang. Die Lippen werden langsam etwas gefühllos, doch von Gelassenheit bin ich so weit weg wie die British Airways von freundlichem Service. Zwergi hat sich in ihre Kopfhörer vergraben und hört Musik. Ein elektronisches Gerät. Soso. Kinder dürfen anscheinend. Oder sie ist als Objekt zu klein und fällt durch das Radar des Wachpersonals?

Ich merke, wie mein Gesicht langsam erschlafft.

Meine Gehirntätigkeit lässt nach. Es lässt überhaupt alles nach. Ich fühle nichts, ich kriege wenig mit, nippe an meinem Cola und bemerke nicht, dass die Hälfte auf meinem Shirt landet.

Ich sacke in mich zusammen, die Augen auf Halbmast und lehne wie ein toter Sack Kartoffeln in der Kopfstütze.

»Papa, du sabberst ... alles okay?«

Nein, es ist nichts okay. Meine Sinnesorgane sind auf Standby. Die Welt um mich verschwimmt.

Tack. Das Saftwagerl knallt in meinen Unterschenkel. Der Schmerz macht mir überhaupt nichts aus. Ich versuche mit der dunkelblauweißen Frau mit dem lustigen Mützchen auf dem Kopf irgendwie zu reden, dann fällt der Vorhang.

Filmriss.

Im höchst unsanften Landeanflug komme ich wieder zu mir. Über London regnet's nämlich. So was aber auch, Regen in London! Meine markenbesessene Shoppingqueen schaut mich entgeistert an. Hey, freue ich mich, es hat funktioniert! Die Zeit ist wie im Flug vergangen. Haha. Noch ein Wortwitz.

Mit einem schwachen Lächeln, eingesautem T-Shirt und noch leicht gebrochener Stimme erkundige ich mich nach der Ursache des Zitronengesichts, und erfahre. Alles. Die Tropfen haben nicht mich, sondern meine Erinnerung ausgeschaltet. Angeblich hätte ich lautstark, spuckend und sabbernd mit unverständlichem Gelalle die Stewardess nach der zweiten Kollision Wagerl-Wade beschimpft. Oder es zumindest versucht. Bevor ich wieder als katatonischer Mehlsack in den Sitz sank.

Echt wahr? Nein. Kann nicht sein.

Ich blicke mich verstohlen um.

Wieso starrt ihr mich alle an? Ich hab halt ein paar Flecken am Leiberl, und? Puppi, du erzählst mir doch einfach irgendwas, oder?

Ich ernte ein todernstes Kopfschütteln.

Diese Blicke. Die Tropfen. 15 Stück hat der Doc gesagt. Nicht 30. Sie wird ihren Grund gehabt haben.

God save the Queen, ich muss die Fluglinie wechseln, pfeif auf die Meilen, pfeif auf Pharmazie, pfeif auf den elenden Regen in dieser viel zu großen Stadt, pfeif auf Shabba Ranks. Ich muss mich säubern. Darf ich bitte noch schnell aufs Klo? Ich rede mit niemandem, stelle nichts an und bleibe still sitzen, bis alle ausgestiegen sind. Promised. Aber bitte hört auf, mich anzugaffen.

BITTE, DANKE, AMEN

Gegen eine gute katholische Erziehung ist grundsätzlich nichts zu sagen. Nur so richtig ernst nehmen muss man den Verein trotzdem nicht.

Wenn ein Kind in einen katholischen Kindergarten geht – es gibt in der Gegend halt nichts anderes!, und später in eine katholische Volksschule – wenn's in der Gegend halt nichts anderes gibt!, und dann ganz zum Schluss in ein katholisches Gymnasium – na wenn halt sonst wirklich nichts Erreichbares da ist!, muss dieser Mensch getauft und erstkommuniziert sein. Sonst enden die Fragen von strenggläubigen Lehrkörpern nach ebenjenen Sakramenten nie. Und schaden kann's auch nicht. Man weiß ja nie, vielleicht gibt's einen Himmel und einen Gott, und dann kommst du irgendwann oben an und kriegst von Petrus himself einen Weisel. Getauft? Nein? Abgang. Runter mit dir.

Könnte doch sein. Leider sind Verstorbene in der Regel äußerst wortkarg und berichten nie von ihren Erfahrungen. Oder halt nur selten.

Ich selbst bin durch die gesamte katholische Maschinerie durch, irgendwann ausgetreten und bekam dann tatsächlich von einem Priester Besuch. Der mir ernsthaft drohte, dass ich nicht mal ordnungsgemäß heiraten könnte oder ordentlich bestattet würde, wenn ich die Kirchensteuer nicht zahle. Ein Brüller. Kurz gelacht, Tür vor der Nase zugeknallt. Ob ich denn nicht an irgendwas glauben würde, hat er noch gefragt. Hm. Ja, es gibt da sicher was. Etwas, das größer ist als wir. Davon bin ich überzeugt. Ob das Gott heißt, Matrix, Universum, Manitu, Allah, Jehova, Manfred, Kurt oder Babsi, ist doch Jacke wie Hose. Jeder soll glauben, an wen oder was er will.

Mit der Kirche habe ich nicht viel am Hut, ich »glaube«, die haben einiges missverstanden, was in ihren eigenen Büchern steht. Und sind außerdem der größte Grundstücksbesitzer der Welt, und die Vatikanbank ist die vermögendste von allen. Anyway, andere Baustelle.

Mein ökonomisches Denkvermögen jedoch ist stark ausgeprägt, und ich gestatte mir in der Pfarrgemeinde die Frage, ob man nicht Taufe und Erstkommunion zusammenlegen könnte, dann wäre der Schwampf erledigt und alles in einem Aufwaschen passiert.

Der polnische, zugegebenermaßen sehr reizende Pfarrer bejaht dies zu meinem Erstaunen, und es geht an die Vorbereitungen.

Lustig, eine 9-Jährige wird getauft. Was für ein Spaß!

Das übliche Brimborium erfolgt, Kleidchen, Schuhe, Erstkommunionsunterricht, kleinen Kreis Verwandtschaft einladen, Termin festlegen, hurra, die Gams.

Goldlöckchen geht brav in das Vorbereitungsseminar – muss sie auch, nachdem sie den Religionsunterricht mangels Bekenntnis meistens ausgelassen hat –, und lernt, wie man sich zu benehmen hat. In so einer Kirche.

Showtime. Der Tag verläuft relativ unspektakulär, die Taufe ist schnell erledigt. Das Gezeter ob der durch Weihwasser zerstörten Frisur ist schnell vorbei, die Salbung mit rechtsdrehendem Olivenöl unspektakulär.

Und dann geht's an die Erstkommunion. In der Gruppe.

Andächtige Stimmung in der Kirche. Die kleinen Menschen fädeln sich vor dem Herrn Wojtyla auf, der in seinem sagenhaft charmanten Deutsch salbungsvolle Sätze spricht. Es ist kaum zu verstehen, klingt aber sehr schön. Einer nach dem anderen kommt dran.

»Der Leib Christi – Amen.«

Zwergenprinzessin mit der zerstörten Haarpracht ist jetzt dran!

»Der Leib Christi –«

Kurze Pause.

Eine Sekunde vergeht.

Zwei.

Na, sag halt was.

Und dann sagt sie was. Selbstbewusst, laut, deutlich hörbar.

»*DANKE*!«

Ich verschlucke mich an meinem eigenen Speichelfluss und breche in schallendes Gelächter aus. »Danke!« Wie geil ist das denn? Jeder hier sagt Amen, nur mein Revoluzzer ruft »Danke!«.

Ich kann nimmer. Der fehlende Religionsunterricht macht sich jetzt bemerkbar. Auf eindrucksvolle Weise. Dem Polen fährt der Heilige Geist ein, und er zuckt kurz mit der linken Augenbraue, sieht sich einen Moment hilfesuchend um, bleibt aber gelassen.

Nachdem mich 20 Millionen Augenpaare strafend ansehen, störe ich die Andacht nicht länger und gehe kurz raus. Rauchen. Lachen.

Die Veranstaltung ist danach relativ schnell vorbei, Menschen strömen aus der Kirche, und auch der Herr Pfarrer trabt ganz am Schluss mit seiner frisch sakramentierten Kinderschar erhaben heraus. Erhobenen Hauptes.

Ich ernte von Zerstörtes Goldenhaupthaar giftige Blicke im

Vorbeigehen, und grinse immer noch von einem Ohr zum anderen.

Sie zischt: »*Die ganze Kirche hat dich gehört ... urpeinlich!*«

Der Tross der ernsthaften Katholiken zieht weiter und trollt sich Richtung Vereinshaus zum Kuchenwettessen.

Wieso bin ICH jetzt schon wieder peinlich? DU hast Danke gesagt. *Danke*!! Ich pack das nicht. Und muss schon wieder lachen. Aber wohlerzogen ist das Kind, muss ich gestehen. Bitte und Danke sagen zu können, ist so wichtig! Ich mach mir gleich ins Beinkleid.

Darf ich eigentlich auch mitmachen beim Kuchenessen?

ESSIGSPAGHETTI

Jeder Mensch kann kochen. Es gibt Gebrauchsanweisungen für jedes Gericht. Der Kreativität sind außerdem keine Grenzen gesetzt. Und es macht Spaß.

Klar kann ich kochen. Habe lange genug alleine gelebt, um zu wissen, wie man eine Tiefkühlpizza auftaut, selber noch mit allerlei Zeugs belegt, in den Ofen schiebt, und wenn's rausraucht, ist sie fertig. Ganz einfach. Achtung – in der Küche immer die Batterie aus dem Rauchmelder ziehen. Ganz wichtig. Weiß ich aus leidvoller Erfahrung. Die Feuerwehr ist so was von schnell, was einerseits beruhigend ist, andererseits richtig ins Geld geht, wenn man als Hobbykoch die Nudeln auf dem Herd vergisst. Und sie so lange kocht, bis das Wasser vollständig verdampft ist, die Barilla zu brennen beginnen, der Qualm den Feuermelder weckt und die Hölle losbricht.

Minuten später traben wundersam bekleidete Menschen mit Gummistiefeln und Helmen in die Wohnung. Dann gibt's vom Oberstleutnant ordentlich Schelte und Schimpf, und am Ende bekommt man einen Erlagschein, den man am liebsten gleich wieder anzünden möchte.

Meine Kochkünste zeigen sich immer in Phasen, die über viele Monate andauern. Da gibt's eine Pizza-Phase, eine Spaghetti-Phase, eine Rindfleisch-Phase, eine Hühnerstreifen-mit-Salat-Phase, eine Chili-Phase, eine Eintopf-Phase und und und. Ich probiere mich an einem Gericht so lange, bis es perfekt ist. Für mich. Also MIR schmeckt. Wenn der Perfektionsgrad der Gaumenfreude nicht mehr zu toppen ist, wechsle ich in die nächste Phase. Mein Rindfleisch mit Oberssauce und Bandnudeln ist göttlich. Ich schwöre. Das Fleisch koche ich vier Stunden, bis es butterweich ist.

Mittwoch. Prinzessin betritt meine Butze nach der Schule und frägt wie immer mit Kohldampf im Bauch, was es denn zu essen gäbe. Gar nichts, wir kochen heute Abend gemeinsam! Nachdem das Teenage-Wondergirl bislang nur Toaster und Wasserkocher zu bedienen weiß, und sich nur eine Wurstsemmel und ein Nutellabrot selber machen kann, halte ich es für meine Pflicht als verantwortungsbewusster Mensch, sie in die Kunst des Sugokochens einzuführen.

Wir schneiden Zwiebel, Knoblauch und Karotten klitzeklein, das Gemotze über den Knoflgestank ignoriere ich und erkläre wissend, dass man die Zehen, wenn man es richtig machen will, mit einer Rasierklinge zu schneiden hat. Hauchdünn. Hab ich aus »Der Pate 2«. Oder 3? Ich weiß es nicht mehr genau.

Alles anrösten, Rindfleischfaschiertes vorher mit Kräutern würzen, einmassieren und dazugeben, weiterbraten. Nachdem alles gut angeröstet ist, passierte Tomaten aus dem Tetra Pak rein, umrühren, würzen. Salz, Pfeffer, aus.

Und jetzt darf die Grütze kochen, bis das Rindfleisch schön weich ist und die Karotten fast verschwunden sind. Karotten geben dem Sugo nämlich den leicht süßlichen Geschmack. Aja, und eine winzige Chilischote. Ein bisschen Süße und Schärfe – das kann was.

Töchterchen beäugt misstrauisch mein Treiben. Die Sache mit den Karotten kommt ihr nicht geheuer vor, bei der kleinen Schote ernte ich lautstarken Protest und werde außerdem ausdrücklich gewarnt, hier ja keine Schwammerl reinzuschneiden. Ich liebe Pilze aller Art, sie hasst sie.

Nachdem ich ein fieser, durchtriebener und boshafter Mensch bin, schneide ich in einer Pipipause einen Champignon wunzig klein und schmuggle ihn ins bunte Treiben. Mal sehen, ob sie ihn findet.

Grande Finale – jetzt kommt der Clou: Ich schraube ein Glas mit italienischen Perlzwiebeln auf und gieße einen Schluck des süßlichen Essigs in das Sugo.

»Du kannst doch nicht einfach Gurkerlwasser in das Sugo schütten! Das ist doch voll peinlich, wer macht denn so was?«

Na ich. Gerade eben. Außerdem sind das keine Gurkerl, sondern Perlzwiebel. Und du wirst dich wundern, diese einzigartige Komposition aus süß, scharf, italienisch, gepaart mit dem feinen Geschmack des Zwiebelessig, ist unerreicht. Unübertroffen. Ich weiß das, ich habe monatelang geübt. Jahrelang. Jahrzehnte.

Tomatenmark ganz zum Schluss, eigentlich nur für die satte Farbe.

Fertig, Nudeln al dente, angerichtet, wir essen. Und es ist ein Gedicht. Bin mal gespannt, ob sie die Miniflankerln von dem kleinen Champignon findet, als dieser Gedanke von einem Aufschrei unterbrochen wird.

»Da sind Schwammerl drin! Ich hasse Schwammerl! Wann hast du die reingeschnitten?!«

Okay, erwischt. Verdammt, bin ich böse. Aber es war einen Versuch wert. Dieses Kind findet tatsächlich jedes noch so kleine Pilzflankerl. Die darf ich ihr jetzt einzeln aus ihrem Teller klauben. Das kann Stunden dauern. Instant Karma's gonna get you.

BELLENDER WISCHMOB

Kinder sollen mit Tieren aufwachsen. Verstanden. Gewisse Hunderassen erschließen sich mir allerdings nicht.

Ich weiß einiges. Manchmal hab ich den Eindruck, mehr zu wissen, als ich selbst verkraften kann.

Ja, Kinder sollen mit Tieren aufwachsen. Sie lernen dadurch, Verantwortung für ein Lebewesen zu übernehmen, also soziale Kompetenz. Am besten geeignet sind Hunde, die können nämlich nicht sprechen, was gut für die Ausprägung des Einfühlungsvermögens einer Heranwachsenden ist. Außerdem kann man mit dem Tier spielen, das fördert den seelischen Ausgleich, des Weiteren stärkt der Umgang mit dem Flohhaufen das Immunsystem und bringt sogar Lernschwache auf Vordermann. Es gibt Studien zu dem Thema; Kinder, die ihrem Hund Geschichten vorlesen oder vorstammeln, lernen leichter lesen. Weil der Hund nicht urteilt, richtet, wertet, sondern einfach liebevoll und geduldig seinem Minifrauli zuhört. This makes you als Erwachsener, der sich mit Erziehungsthemen beschäftigt, think.

Ein Hund muss also her.

Ich habe nichts gegen Hunde, ich finde Hunde cool. Also, *echte* Hunde. Hunde, die eine gewisse Schulterhöhe erreichen, die ein Kilo rohes Fleisch am Tag fressen, die einen ernsthaften Gegner im Spiel darstellen. Handtaschenhunde, die die Größe einer Ratte nicht übersteigen, kann ich nicht ernst nehmen. Nichts gegen euch, liebe Chihuahuas, Terriers, Maltesers. Ihr seids eh lieb. Ein pinkfarbenes Ballkleid ist auch lieb, trotzdem ziehe ich es nicht an.

Das ganze Thema Hund ist mir irgendwie entglitten, bis zu dem Moment, als ich dereinst nach Hause komme, und mir meine Zwergenprinzessin stolz einen Neuankömmling präsentiert. Nein, keinen Schäfer, keinen Golden Retriever, nicht mal einen Beagle. Einen Terrier. Ein West Highland Terrier, um ganz genau zu sein. Winzig klein, mit langen Haaren, die ihm fast bis zum Boden hängen. Würde man ihm einen Stiel in den Nacken schrauben, könnte man mit ihm souverän den Boden aufwischen.

Mein erster Schock weicht recht rasch, weil so ein Tier ja doch irgendwie niedlich ist. Außerdem führe ich mir das Positive vor Augen – diese weiße Ratte frisst kaum was, kackt dementsprechend wenig, und wenn sie bellt, wird man sie kaum hören. Außerdem kommt mein Kindi öfter an die frische Luft, weil Gassi geh ICH mit dem Ding da sicher nicht. Wie sieht denn das aus?

Zeitsprung. Monate später:

Das Harley-Treffen am Faaker See ist jedes Jahr ein Pflichttermin. Mopedfahren, ungesundes Zeug reinfressen, Grillfleisch, Rippchen, fette Pommes, Burger, Jack Daniel's in beachtlichen Mengen, jeden Abend Konzerte, Rock, Hillbilly, Country, Millionen von Gleichgesinnten. Ein riesengroßes Familientreffen und eine Neverending-Party. Nach fünf Tagen ist man psychisch und physisch am Ende. Kaum Schlaf, das Brummen der Motoren hält rund um den See 24 Stunden pro Tag an und zerfrisst dir irgendwann die Auris interna, das Innenohr.

Noch zwei Tage später höre ich bei vollkommener Stille in meinem geistigen Ohr das Knattern der Maschinen.

Die 365 Kilometer vom See der Biker bis nach Hause werden

zu einer niemals endenden Höllenqual. Sechs Stunden. Sieben Stunden. In denen ich mir jedes Jahr schwöre: niemals wieder. Ich fahr da nie wieder hin! Ich kann nimmer! Ich sterbe jetzt und gleich.

Ankunft mit letzter Kraft in der Bundeshauptstadt. Ich lehne mein Steelhorse an den Randstein, ziehe mir den Helm vom Kopf und taumle langsam in Richtung Haustür.

Natürlich bin ich in einen Regen gekommen, natürlich starre ich vor Dreck, knallrote Augen mit olympischen Ringen darunter. Ich fühle mich, als wäre ich vor drei Tagen verstorben, als Goldlöcken um die Ecke schießt. Mit dem Hund.

»Haaallooo! Kannst du bitte schnell mit ihr Gassi gehen? Ich muss zum Tanzen, sonst schaff ich den Bus nicht mehr.«

Sie drückt mir eine pinkfarbene Hundeleine, mit Strasssteinchen verziert, in die Hand, mit einer weißen Ratte mit langem Haar am anderen Ende, und hetzt Richtung Bus davon. Wauzi schaut mich treuherzig an. Ach Gott, dieser Blick, na gut, gehen wir halt kurz eine Runde.

Da geht er also. Mit schweren Stiefeln, einer versauten Wildlederhose, der Harley-Davidson-Lederjacke voll toter Fliegen, Dreck im Gesicht, festgeklatschten Haaren am Kopf, mit einer pinkfarbenen Hundeleine und einem weißen Miniterrier die Straße entlang.

Ist mir das peinlich. Wie sieht das denn aus? Was denken sich die Leute, die so was sehen?

Ich hätte gute Lust, den Helm wieder aufzusetzen, als der Nachbar um die Ecke biegt. Ein Bär von einem Mann, riesengroß, ehemaliger Fußballer, mit einer hellblauen Hundeleine, einem noch kleineren, weißen Malteser am anderen Ende und einem sehr gequälten Gesichtsausdruck. Der weint gleich.

50

Wir sehen uns beide mitleidsvoll an. Nein, geteiltes Leid ist nicht halbes Leid. Nicht jetzt, nicht hier, nicht so.

ELEFANT IM THEATERLADEN

Wenn Töchterlein ihre erste öffentliche Tanzaufführung hat, muss man das filmisch festhalten. Und Kollateralschäden in Kauf nehmen.

Kinder brauchen Hobbys. Entweder Sport oder ein Instrument. Die sogenannten Eislaufmütter wählen oft beides, und wundern sich, wenn ihr Spross mit zwölf beim Schulpsychologen eincheckt, sich die Unterarme aufritzt und mit vierzehn Gras zu rauchen beginnt. Wegen der permanenten Überforderung. So ein Schulalltag ist auch nicht ohne, der frisst locker 40 Stunden pro Woche, dann noch Klavier und Eislaufprinzessin üben, und fertig ist der kleine Mensch. Fix und fertig.

Mein kleiner Intelligenz-Caterpillar ist für solche Späße nicht zu haben, und hat sich dereinst im zarten Alter von fünf für das Tanzen entschieden.

Bewegung ist gut, gruppendynamische Prozesse erst recht, und wenn mit dreißig dann die Gelenke im Eimer sind, ist Google Robotics hoffentlich schon weiter als jetzt. Dann ist ein Gelenkstausch wie ein Zahnarztbesuch. Darf's eine neue Leber auch gleich sein? Nein, danke, die alte ist noch gut.

Dystopische Zukunftsvision eines Technikfreaks.

Die erste echte Tanzaufführung in einem namhaften Theater steht an. Ich bin nervöser als der gesamte Zwergenhaufen zusammen. Ich bin nervöser als beim ersten Nirvana-Konzert in Wien. Im U4. Vor 300 Menschen. Frägt man heute, wer damals aller dort war, waren es locker 25 000 Menschen. Nein, es waren 300. Ich war nämlich wirklich dort.

Mit einer Ladung Baldrianperlen im Körper und meiner Kameraausrüstung checke ich im Theater ein. Schlechter Sitzplatz, schlechte Sicht, Nervosität trifft auf miese Laune.

Ein pflichtbesessener Mensch macht mich darauf aufmerksam, dass Fotografieren und Filmen verboten sei, man habe einen Fotografen und ein Videoteam engagiert und jeder könne im Anschluss die CD kaufen. Um schlappe 45 Euro.

Die miese Laune überholt souverän meine Nervosität. Videoteam? Dieser eine Knecht mit Stativ und einer draufgeschraubten Canon ist das Videoteam? Der da seitlich am Rand steht und einfach stur auf die Bühne draufhält? Für den Müll soll ich dann 45 Euro zahlen? Wie geht's euch denn eigentlich allen, und wofür schleppe ich bitte mein Zeug mit?

Die Aufführung beginnt. Ich bereue es bitterlich, meinen Flachmann nicht eingesteckt zu haben. Es ist unerträglich, ich weiß genau, wann Goldlöckchen drankommt, wann sie ihren Solopart hat, aber die Warterei zerfrisst mich. Nervosität, Zorn, Ungeduld, Erwartungsfreude liefern sich Schlachten in meinem Großhirn.

Es ist so weit, nach Wochen der Warterei endlich – die dritte Nummer. Ein Stück aus »Der König der Löwen«, getanzt und gesungen.

Das Videoteam lehnt teilnahmslos an der Wand, die Kamera läuft. Kein Schwenk, kein Zoom – schläft der Mann schon? Leute, ich pfeif auf euer Verbot, ihr könnt mich aber so was von … schnappe mein Zeug, lege den Schalter auf *on* und dränge mich durch die Reihe hinaus auf den Gang.

Rücksichtslos, schonungslos.

Ich trete auf Füße, mein Ellbogen rammt Körperteile, ich muss hier raus, filmen, zumindest den Solopart!

Die Nikon fest in der Hand, der Tragegurt baumelt. Ich passiere das mittlerweile tatsächlich eingeschlafene Videoteam und trample wie ein Elefant am Stativ vorbei. Jetzt geht's um alles. Der Tragegurt bleibt irgendwo hängen, egal, ich reiße die Kamera kurz an, höre ein Getöse hinter mir, kurzes, aggressives Gestöhne und Gemurmel. Egal. Ich hab ein Ziel, eine Mission, die Schneise der Verwüstung hinter mir nehme ich gerne in Kauf.

Kamera, anvisiert, rec, und los geht's. Ich bin in Bühnennähe und erfasse rechtzeitig den Solopart meiner Tanzprinzessin. Erleichterung macht sich breit. Glück. Friede. Stolz. Die kann das wirklich. Sehr souverän. Unfassbarer Stolz. Und ich hab's gefilmt.

Am Ende der Vorstellung warte ich geduldig am Backstage-Eingang, bis die Künstler das Theater verlassen. Oh, da kommt sie, meine kleine Heldin. Aber warum der finstere Gesichtsausdruck?

»Was ist los? Du warst großartig! Ganz toll, sei stolz auf dich!«

Mit ernster Miene erklärt sie mir, dass die Aufführung zwar super gelaufen sei, irgendein Vollidiot aber den Videofilmer niedergerannt hätte, seinen Aufbau zu Fall gebracht hätte und somit im Videomitschnitt genau die Numme fehle, in der SIE ihren Solopart hatte.

Nun gut, ich heuchle Verständnis, das ist doch wirklich ärgerlich, aber die gute Nachricht ist, Superdad hat selber mitgefilmt, und genau DEINE Nummer ist safe auf meiner SD-Karte!

Das überschminkte Gesicht erhellt sich kurz und wird wieder dunkel.

»Warst DU das vielleicht? Zuzutrauen wär's dir ...«

Was?! ICH? Warum ist mir so was zuzutrauen? Räusper.

Ich vergehe in einem Redeschwall aus Ablenkungsmanövern. Glücklicherweise strömt jetzt der Rest ihrer Tanzgang aus dem Theater und das Thema geht in einem Glückliche-Kinder-umarmen-sich-Reigen unter.

Verdammt, ist mir das peinlich. Ich kann mich nie wieder bei einer Tanzprobe blicken lassen. Die killen mich. Aber, ich hab einen Film. Könnt's mir ja abkaufen. Um 44 Euro. Ha.

FRÄULEIN SMILLAS GESCHWÜR AM ZEH

Der Film aus dem 97er Jahr heißt zwar anders, ist aber sehr zu empfehlen. Nicht zu empfehlen ist Wintersport. In jeglicher Form.

Winter. Schnee. Ich liebe Schnee! Aufgewachsen in Kärnten, bin ich meterhohe Schneewechten gewohnt und erinnere mich mit Freude daran, einst vom Balkon im ersten Stock in einen Berg aus Neuschnee gesprungen zu sein. Unversehrt. Herrlich. Mach das mal in der Großstadt. Wenn im Winter zwei Zentimeter Schnee liegen, spielt die Stadt verrückt und der gemeine Städter schmeißt die Nerven weg.

Uns zieht es in den Schnee. Ergo – auf nach Vorarlberg!

Oma besuchen. Winterausflug. Verschneite Landschaften, verschneite Straßen, Wälder, Häuser, Wege – und dieser feine Geruch. Diese Stille. Der Lärm wird von der weißen Pracht verschluckt, die Menschen bewegen sich langsamer, alles wirkt friedlich, gedämpft, sanft. Schwärm. Träum.

Ein Winter wie damals.

Ich packe mein Töchterlein in den winterbereiften Boliden, und wir jetten friktionsfrei nach Vorarlberg. Ich hab an alles gedacht, feste Schuhe, dicke Jacke, Handschuhe, Haube, Skisocken – und bin selbst ein wenig beeindruckt von meiner Vernunft.

Die 12-Loch-Dr.-Martens zugeschnürt am Fuß – das richtige Schuhwerk ist so wichtig. Mit den Optimalbock kann dir nichts passieren. Nie. Egal in welcher Lebenssituation.

Sogar die Fußnägel hab ich mir geschnitten, na ja, abgerissen, wie es Mann halt so macht. Das schont die Wintersocken, geht schneller, und die eine oder andere Blutung ist schnell gestoppt. Ja, vielleicht entzündet sich hin und wieder was ... No pain, no gain.

Der Pfänder ist der Hausberg, die Pfänderbahn führt bis ganz hinauf, wir sind dick eingepackt, mit Omis Schlitten bewaffnet und zwängen uns in die Gondel zwischen Skifahrern, Snowboardern und sonstigen merkwürdig gewandeten Fanatikern.

Oben angekommen, gibt's zwei Möglichkeiten – man wirft sich die Piste runter und setzt sich der Gefahr aus, von Extremboardern abgeschossen zu werden, oder man wählt den zugeschneiten Wanderweg als Rodelbahn. Wir sind klug und starten am Wanderweg.

»Du setzt dich am besten vor mich, ich halt dich fest, dann hast du was von der Fahrt.«

Die Diskussion, wer jetzt vorne sitzt und wer hinten, was sicherer ist, und ob ich so einen Schlitten überhaupt lenken kann, zieht sich ein wenig. Gefühlt eine Stunde.

Natürlich kann ich einen doofen Schlitten lenken, rechter Fuß raus, Rechtskurve, linker Fuß raus, Linkskurve. Nicht zu fest in den Schnee drücken, sonst bricht das Haxerl. Deppensicher!

Madame wählt mit bestechender Logik den Platz hinter mir, sollten wir uns nämlich einbauen, erwischt's mich zuerst.

Los geht's! Wir starten und nehmen Fahrt auf. Die erste lang gezogene Linkskurve nehme ich souverän. Gebremst wird nicht, es heißt Schlittenfahren und nicht Schlittenbremsen. Bei der ersten Rechtskurve zuckt mir der Schmerz durchs Gebein, scheinbar hat sich mein Zeh mit dem abgerissenen Nagel doch entzündet. Ignorieren. Tempo aufnehmen. Ja, das macht Freude, nächste Rechtskurve, etwas weniger souverän, mein Fuß schmerzt, ich schramme hart an der Waldkante vorbei. Die Geschwindigkeit steigt, ich fühle mich leichter, es flutscht, es gleitet, der Schlitten fegt durch den Wald.

Wieso spüre ich die Arme des Zwergs nicht mehr? Wieso die Leichtigkeit?

Ein prüfender Griff nach hinten – Leere.

Ich ramme beide Beine in den Schnee und bringe das Holzgeschoß zum Stillstand. Mir wird heiß, ich transpiriere, reiße mir Handschuhe und Haube vom Körper, knalle sie auf den Schlitten und blicke nach weiter oben. O Gott, da liegt ein Haufen Mensch auf der Straße. Wie ein kleiner Käfer auf dem Rücken, und rührt sich nicht. Mein Herz pocht, was habe ich getan? Ist sie vom Schlitten gefallen? Ich renne los und komme keuchend beim Käfer im Skioverall an. Sie liegt hier eigentlich relativ entspannt, kein Schmerz zu erkennen, und blickt mich strafend an.

»DU hast mich verloren, wie kann man nur sein eigenes Kind verlieren, das ist doch ...«

Moment, Kind. Ich hab gesagt, du sollst dich gut festhalten. Na gut, die letzte Kurve ward nicht optimal genommen, und mein Zeh und aber laber, bla.

Ein bisschen beschämt helfe ich der Prinzessin auf. Sie scheint vollständig intakt und zeigt mit ernstem Gesicht und ihrem kecken Zeigefinger auf einen Punkt hinter mir. Ich drehe mich um. Aja. Der Schlitten. Schnee ist rutschig, Schlitten haben keine automatischen Handbremsen. Wir stehen beide und schauen. Dem Schlitten zu, wie er zuerst langsam, dann immer schneller werdend, mit meiner Haube und meinen Handschuhen auf dem Rücken die Bahn weiterfährt.

Er wird kleiner und kleiner.

Er verlässt den Weg und gleitet in den Wald.

Einmal noch taucht er kurz auf, bevor er am Horizont verschwindet.

Das darf jetzt aber nicht wahr sein ...

»*Was sagen wir der Omi? Dass du zuerst mich und dann den Schlitten verloren hast? Ist dir das nicht peinlich?*«

Gar nichts ist verloren. Wir gehen das Scheißding jetzt bergen. Die Blöße geb ich mir sicher nicht.

Wir stapfen los. An meinem Gespür für Schnee muss ich noch arbeiten. Herrgott tut mir dieser Zeh weh.

THANK YOU, STEVE?

Apple hat uns das Smartphone gebracht, die Fotografie revolutioniert und uns das soziale Leben versaut. Bis zum Akku reichte der Genius des Herrn Jobs leider nicht.

Seit dem Smartphone hat sich vieles verändert. Musik wird nicht mehr von CDs abgespielt, soziale Kontakte werden nur noch digital gepflegt, Fotos werden nicht mehr mit einer Kamera gemacht, und Kodak ist pleite gegangen. Ein Traditionsunternehmen, das die Fotografie mehr als ein Jahrhundert begleitet hat – furt. Weg. Ausgestorben.

Als Kodak sich vor zehn Jahren ernsthaft mit der Digitalisierung zu beschäftigen begann, war es zu spät. Rechts und links überholt und mehrfach umrundet von Steve Jobs.

Szenenwechsel.

Kinder unter zwölf lieben deutschsprachige Songs. Warum? Weil sie die Texte verstehen und mitsingen können. It's simple as that. Der Englischunterricht will noch nicht so recht greifen, englische Refrains in Lautsprache mitzusingen, entbehrt einer nicht zu tolerierenden Fehlerquote nicht, also Deutsch.

Nachdem ich mit einer sehr raschen Auffassungsgabe gesegnet bin, fröne ich dieser meiner Erkenntnis und beschalle mein 11-jähriges Töchterlein bei jeder Autofahrt mit guter, deutschsprachiger Musik. Von Herbert Grönemeyer bis Rammstein, von Rosenstolz bis Sportfreunde Stiller, von Falco bis Helene Fischer. Ja, Helene Fischer. Schlager? Mitnichten. Das Album »Farbenspiel« läuft im Auto rauf und runter, Kindi freut sich, Papi freut sich, und alle singen mit.

Als die Tour verkündet wird, steht der Wien-Termin mit Rotstift eingetragen im Zwergenkalender. Ja, ich denk an dich, keine Sorge, du kommst mit. Sie hat zwar immer noch keine Ahnung, was der Papa eigentlich bei so einer Plattenfirma genau macht – er selbst ist sich mittlerweile auch nicht mehr sicher –, aber Konzertbesuch und Backstageluft schnuppern ist gut. Aufregend. Sehr aufregend.

»Vielleicht treffen wir sogar Helene Fischer? Bitte, bitte, bitte!«
Versprechen kann ich nichts, die Liste der Künstlertreffwütigen ist bei solchen Veranstaltungen erfahrungsgemäß endlos. Und dein Vater ist eher so der Understatement-Typ.

Die Stadthalle ist rappelvoll. Ich weiß schon, was mich erwartet, Kindi noch nicht. Sie hat keine Ahnung, dass wir uns hier keine Schlagershow wie man sie erwarten würde, reinziehen. Sie hat keine Ahnung, dass sie ein Rockmedley, ein Klassikmedley, ein Musicalmedley erwartet. Coverversionen von Bon Jovi, John Farnham, Van Halen, Prince, Celine Dion, Daft Punk, Justin Timberlake und mehr. Gespickt mit eigenen Songs, allen Hits, perfekt gesungen, getanzt und arrangiert zu einer gigantisch perfekten Show im Las-Vegas-Style.

Wir haben gute Plätz auf der Tribüne, kleiner Mensch braucht Überblick, um alles erfassen zu können, und wir sehen, hören, staunen. Den tellergroßen Augen nach zu urteilen, gefällt ihr, was sie sieht.

Nachdem eine Powerversion von »Atemlos« als letzte Zugabe die Halle zum Bersten bringt, schleichen wir uns langsam Richtung Backstage. Handy gezückt, 25 % Akku, passt. Vielleicht schaffen wir ein Foto.

Wie erwartet, ist der Andrang groß, wichtige Menschen, Künstlerkollegen, Menschen, die gerne wichtig wären, Schulterklopfer, Gratulanten, Hardcorefans und vieles mehr.

Chaos. Durcheinander. Die Gänge zu den Garderoben sind gut bewacht. Schleusenartig. Alle 10 Meter lichtet sich das Menschengewühl. Es wird gesiebt, zurückgewiesen, gut aufgepasst.

Bewaffnet mit den guten Tourpässen, latschen wir überall souverän durch, bis wir schlussendlich allein dastehen. Fünf Meter vor der Garderobe. Goldlöckchen ist im Verlauf des Marsches immer langsamer geworden, zögerlicher, unsicherer. Ich halte ihre Hand und schleife sie hinter mir her.

Manager. *Hallo!* Wir unterhalten uns kurz, als die Tür aufgeht.

Helene steht strahlend vor uns, freut sich, Begrüßung, Umarmung, freundliches Wiedersehen und erspäht meinen Zwerg. Ich zücke mein Smartphone, den Fotoapparat der Neuzeit. Den Sargnagel von Kodak.

Die Künstlerin bückt sich, umarmt allerherzlichst meinen versteinerten Zwerg mit den immer noch tellergroßen Augen, und ich starre auf mein Smartphone. 20 % und – aus. Es schaltet sich einfach aus.

ES SCHALTET SICH EINFACH AUS!

Dieses elendige Mistding von Technik, dieser Scheißdreck von einem Akku in einem der revolutionärsten Teile seit der Erfindung der Glühbirne gibt einfach auf? Mit 20 %?

Genau JETZT?

Ich versuche das Zittern meiner Hände zu verstecken, kalter Schweiß rinnt mir den Rücken runter, mein Hirn hat jegliche Serotoninproduktion eingestellt und schüttet kübelweise Stresshormone aus.

Ich tue so, als würde ich ein Foto machen, packe die Höllenmaschine wieder dorthin, wo sie hingehört – in die Gesäßtasche, und wir ziehen nach kurzem Geplausche wieder von dannen.

»Zeig her, zeig mir das Foto bitte, zeig her ...!«

Ich bleibe stehen, gehe auf die Knie, erkläre peinlich berührt, dass die Technik versagt hat und möchte in diesem Moment im Betonboden der Halle versinken. Mitsamt diesem nutzlosen Scheißteil, das an meinem nass geschwitzten Arsch klebt.

Thank you, Steve? Ein Brüller.

DARMSPÜLUNG LIGHT

Der Tod sitzt bekanntlich im Darm. Bei mir nicht mehr. Seit dem Besuch eines Aquaparks. Innenausstattungsreinigung inklusive.

Theophrastus Bombast von Hohenheim, der sich später Paracelsus nannte, um seinem eigenen Genius zu huldigen oder einfach um seinen Mitmenschen den Namenszungenbrecher zu ersparen, meinte, der Tod sitze im Darm.

Ob hier der Alchemist, Mystiker, Arzt oder Philosoph aus ihm sprach, weiß ich nicht genau.

Interessanterweise wohnte der Mann Anfang des 15. Jahrhunderts in Villach, meiner Geburtsstadt. Deswegen ist er mir im Ansatz schon sehr sympathisch. Aber gemeint hat er mit seiner düsteren Legende offensichtlich, dass im Darm die Abwehr von Krankheitserregern stattfindet und das darmassoziierte Immunsystem ursächlich an der Ernährung hängt. Wer Dreck frisst, dem geht's nicht gut. Und Selbiger sollte sich einmal im Jahr die zwei Meter Dickdarm ausspülen lassen, um nicht mit aschfahlem Gesichtsausdruck vorzeitig abzunippeln.

Schwenk.

Torremolinos. Urlaubszeit again.

Der Spanier an sich ist eigentlich ein freundlicher Geselle, außer wenn er auf Nicht-Spanier trifft. Dann wird er unwirsch, unfreundlich und ignorant. Noch schlimmer – wenn er dich als »Kraut« identifiziert.

»No no, not Germany – Austria!«

Mit diesem Satz im Gepäck erhellt sich das stolze Gesicht des Espaniolen, und er serviert einem tatsächlich in absehbarer Zeit una cerveza grande ohne gelebtem Widerwillen im Gesicht. Muchas gracias!

Meiner Zwergenprinzessin geht's gut, in der Nähe des Hotels gibt's einen Aquapark, die kleine, feine Anlage liegt direkt am Strand, es gibt andere Kinder, einen Pool direkt vorm Haus, jede Menge Sand, Muscheln, kleine Krabben, die herumrennen und auf die man mit einem blauen Sandschäufelchen einschlagen kann, um ihre Widerstandsfähigkeit zu testen, perfekt. Krabben haben nämlich einen unzerstörbaren Panzer. Meint sie.

Ich frage mich, ob Charles Manson in seiner Kindheit auch Krabben mit einer Schaufel erschlagen hat und beende den Gedanken mit otra cerveza por favor.

»Gehen wir in den Aquapark?«

Auch hier denke ich nicht länger darüber nach, wir verlassen die Strandbar und hatschen die 800 Meter in sengender Hitze zum Aquapark. Der Boden glüht, meine Schlapfen saugen sich am Beton fest, von oben knallt mir die Sonne mit 50 Grad aufs Haupthaar. Wieso fährt man eigentlich im Hochsommer nach Spanien? Wo es noch heißer ist als daheim, und dort ist's schon grenzwertig? Nicht nachdenken.

Die Riesenrutsche ist tatsächlich gewaltig. Ich schätze, so an die 20 Meter hoch und ein Gefälle wie die Mausefalle auf der Streif. Während mein 9-jähriger Krabbenkiller in irgendeinem Kinderwasserkarussell herumplantscht, sehe ich mir interessiert das Treiben auf der Mausefalle an und verdränge den nächsten Gedanken, der mir einschießt – irgendwie gehen poolplantschende Kinder nie aufs Klo, das bedeutet doch ... Dafür gibt's Chlor. Hirn aus.

Mit Todesverachtung werfen sich junge Menschen die Rutsche des Grauens hinunter, Beine verschränkt, Arme vor der Brust, Augen fest zugekniffen, und platteln im Landebecken kurz an der Wasseroberfläche, bevor sie explosionsartig im Becken einschlagen, begleitet von kilometerweiten Wasserfontänen.

Ich bin beeindruckt. Und ich will beeindrucken. Superdad. Ich winke dem Goldlöckchen: Komm her, Todesrutsche!

»Im Leben nicht geh ich da rauf. Aber ich schau dir zu.«

Jetzt kneifen geht irgendwie nicht, und ich mache mich an den Aufstieg.

Die Treppe rauf fühlt sich an wie die aufs Empire State Building. Sie endet nicht. 50 Grad, Treppensteigen, auf eine Rutsche des Todes, als einziger alter Sack zwischen waghalsigen Jugendlichen. Da läuft doch schon wieder was falsch.

Endlich oben angekommen, ringe ich nach Luft, winke souverän nach unten und gewähre drei, vier, fünf wackeren Jungmännern den Vortritt. Schaut eigentlich gar nicht so schlimm aus. Aber warum krampfen sich die alle so ein?

Ich bleibe entspannt, gehe an den Start, setze mich hin, ein kurzer Abstoß und runter geht's. Breitbeinig, Hände hinterm Kopf, Augen offen. So machen das Erwachsene!

Der freie Fall dauert noch länger als der Aufstieg. Mein Einschlag ist von einer Brachialgewalt, von der die drahtigen Jungmenschen nur träumen können. Ich versinke in einem Wellental aus Chlorwasser und ... ein seltsames Gefühl beschleicht meinen Unterbauch. Ein wohlbekanntes, aber akut auftretendes Bedürfnis überfällt meinen Intestinum crassum. Ach du Scheiße – im wahrsten Sinn –, deswegen haben die Jungmänner alles verschränkt, was sie verschränken konnten. Um Wassereintritt in exponierte Körperöffnungen zu vermeiden!

Ich renne, ich eile, ich fliege Richtung WC-Einrichtung. Bitte nicht, bitte, lieber Pförtner, lass mich jetzt nicht im Stich. Fünf Sekunden noch, wir schaffen das!

Wir schaffen es. Ich kehre erleichtert zu meiner verwundert dreinblickenden Killerkrabbe zurück. Ihre Fragezeichen im Gesicht beantworte ich mit einer ausführlichen Erklärung, was ein Einlauf ist, und was er bewirkt. Kurzes, glockenhelles Gelächter.

»Ist das peinlich! Hahaha!«

Nein. Das ist gesundheitsbewusst, und du lach nicht so. Du …

Der Tod ist aus meinem Darm verschwunden. Ich werde 100 Jahre alt. Viva España!

KOFFERKIND

Wenn einer eine Reise tut, dann schleppt er sich zum Esel, Maultier, Kamel, Muli. Und schuld dran ist ein einziges Chromosomenpaar. Nur eins.

Türkei. Auch schön warm. Mein Wirkungsradius, was Urlaubsreisen anbelangt, ist kein großer. Was mit einem Flugzeug im Umkreis von vier bis maximal fünf Stunden zu erreichen ist: hurra! Alles andere ... bitte nur mit Tranquilizern, Equalizern oder wie das Zeugs heißt, und ausdrücklich GEGEN meinen Willen. Und der geschehe.

Bevor ein 14-tägiger Urlaub angetreten wird, muss gepackt werden. Selbstredend mit unendlich viel Vorlauf, man könnte ja sonst was vergessen.

Mein persönlicher Vorlauf ist circa eine Stunde bevor das Flughafentaxi kommt. Mein 9-jähriges Prinzesschen »Was könnt ich denn alles brauchen?« beginnt schon eine gefühlte Woche davor, ihre Koffer zu füllen. MEHRZAHL Koffer.

Es ist Sommer, es ist heiß, es ist die Türkei.

Die Dringlichkeit, für »alle Fälle« warme Sachen, Regensachen, Schulsachen, Malsachen, verschiedene Paar Schuhe, Westen, Jacken, lange Hosen, Socken (SOCKEN?!), Bücher, Zeitschriften, Plüschgetier und Ähnliches mitnehmen zu müssen, erschließt sich mir nicht. Ich bin ein Urmensch. Reduced to the max. Ich brauche eine Handvoll T-Shirts, eine Handvoll Unterhosen, meine Taucherbrille, zwei Badehosen, zwei lange Hosen, Waschzeug und Ladekabelzeugs. Fertig. Und alles am Körper auf der Hinreise dient auch der Rückreise und als Backup-Plan, sollte tatsächlich ein Taifun über Side kreisen und kalte Luft aus der Atmosphäre absaugen.

Schmutzige Sachen kann man waschen, auf den Balkon hängen und ihnen bei einer gemütlichen Zigarette zusehen, wie sie binnen weniger Minuten bei plus 60 Grad trocknen. Das Leben kann so einfach sein. Schwarzes T-Shirt, schwarze, knielange Badeshorts, schwarze Ledersandalen – sind sowohl frühstückstauglich, mittagstauglich, dinnertauglich, ausgehtauglich, strandtauglich, stadtbummeltauglich, allestauglich.

Ich halte mich für wahnsinnig clever, durchdacht und ergötze mich an meinem genialen Minimalismus. 86 Milliarden Nervenzellen in meinem Gehirn vermelden: mit mir nicht. Alles passt in einen Rucksack, ich brauch nicht mal Gepäck aufzugeben. Haha!

Der weibliche Homo sapiens, egal welchen Alters, sieht die Welt sehr vielschichtig. Mit »kann ich es fressen oder frisst es mich« haben diese Wesen nicht viel am Hut. X-Chromosom versus Y-Chromosom. 23 Chromosomenpaare hat der Mensch, 22 davon sind sogenannte Autosomen, also komplett neutrale Paare, bei Männlein und Weiblein gleich, aber beim letzten Paar scheißt's uns rein.

Y wird zu Rucksack only, X wird zu 2 Koffer, 1 Rucksack und 2 Taschen.

Thomas Harrison Montgomery ist schuld daran, dass der Mann zur Packziege mutiert. Hätte Montgomery 1906 nicht die Chromosomenpaare entschlüsselt und uns damit eine geschlechtsspezifische Prägung verpasst, wäre es vielleicht das Weibsvolk, das jetzt MEIN Zeug tragen muss. Oder ist das der Grund, weshalb der Homo erectus und der Homo habilis ausgestorben sind? Ist der Damenwelt das Schleppen von Zeugs dereinst nicht gut bekommen?

Ich räume Stück für Stück raus Richtung Straße. Das Taxi kommt in zehn Minuten. Ich zähle: Koffer, Koffer, Koffer, Taschen, Rucksäcke. Ein Meer aus Gepäck. Die Straßenauslage eines Taschengeschäfts in der Kärntner Straße sieht ärmlich aus dagegen.

So ärmlich wie der eine, schwarze Rucksack. Mein genialer Minimalismus-Rucksack.

Ich vermute, Couch, Fernseher, Zimmerpflanzen, Hund, Katze und Katzenklo sind eingepackt. Es muss so sein. So viel Gewand kann niemand irgendwohin mitnehmen. Mein ungewolltes Kopfschütteln wird zu einem spastischen Zucken … das ist doch keine Weltumsegelung mit einem Boot, das ist keine Übersiedlung in eine andere Stadt, ein anderes Land, das ist kein Sabbatical in Australien, das sind nur 14 verdammte Tage in der Provinz Antalya! Hitze. Strand. Meer. Stadt. Club. Resort.

»Das ist alles, was du mitnimmst? Hast du dann immer dasselbe an? Du bist grauslich. Und voll peinlich …«

Ich halte dem prüfenden Blick von Goldlocke mit deutlich erhöhtem Blutdruck stand.

JA. Was denkst DU denn? Bin ich denn blöd, dass ich mich zum Muli schleppe, für einen Urlaub im osmanischen Reich? Regenwahrscheinlichkeit deutlich unter 0 %? 50 Grad zu Mittag und 25 Grad in der Nacht?! Es gibt hier keine Eventualitäten. Es kann keine geben! Es gibt einen Miniclub, Wasserrutschen, einen kleinen Vergnügungspark, offene Speiseterrassen, Strandbars, Poolbars. Es ist alles so verdammt berechenbar, zwanglos und einfach!

Und da schießt mir die Erkenntnis wie ein Götterblitz von Zeus höchstselbst abgefeuert in mein Y-Chromosom: Ich WERDE mich zum Muli schleppen. Mein genialer Rucksack bewirkt rein gar nichts. Hiç bir sey. Der Homo sapiens wird nicht aussterben. Sondern nur ich! Als Maultier kollabiert, in der gleißenden Sonne Osmaniens.

THE GREAT ONE

Wayne Gretzky gilt als erfolgreichster und bester Eishockeyspieler der Welt, was ihm o. g. Spitznamen eintrug. Ich war aber auch nicht schlecht.

Radfahren verlernt man nicht, Eislaufen verlernt man nicht, Lesen und Schreiben verlernt man nicht, nichts verlernt man.

Wer sich im Jugendkader einer Eishockeyhoffnung befand, kann eislaufen. Wie ein Gott. Wie Wayne »The Great One« Gretzky. Unzählige National-Hockey-League-Rekorde gehen auf das Konto des Kanadiers mit der linken Schusshand und der Nummer 99 auf dem Rücken. Eine Nummer, die für alle Zeiten in der NHL gesperrt ist. Die gehört nur ihm und das zu Recht. Fast 900 Tore in einer regulären Saison sind bis heute unerreicht.

Beim Großwerden eines Mädchens ist Eislaufen naturgemäß irgendwann ein Thema. Zuerst kommt Radfahren, dann kommt Eislaufen, dann kommen Pferde, dann kommen Zigaretten, Alkohol, Jungs und ich will nicht weiter nachdenken.

Mittlerweile gibt's größenverstellbare Schalenschuhe, die an die drei Jahre halten sollen.

Da sind wir doch live dabei!

Und weil Vatern in seiner Jugend ein Eislaufgott war, kauft er sich auch gleich die guten Bauer Supreme, so wie damals. Als ich zwei Winter lang im Jugendkader für Unruhe sorgen durfte, bis ich schlussendlich wegen »übertriebener Härte« aus der Mannschaft ausgeschlossen wurde. Von einem harmoniesüchtigen

Trainer. Weichei. Wenn mir wer mit dem Schläger den Fuß vom Eis zieht und mich zu Fall bringt, muss er damit rechnen, dass ich ihm meinen Sherwood Stick quer durchs Gesicht ziehe. Selber schuld, wenn der Kerl sein Gitter nicht eingehängt hat. Am Helm. Und danach nicht mehr appetitlich aussieht.

»Hohlschliff, bitte«, höre ich mich sagen und grinse wissend in mich hinein.

Der Verkäufer fragt sicherheitshalber nach, ich nicke und lass ihn meine neuen Schuhe einschleifen. Halbhohl sind sie standardmäßig für gewöhnliche Sterbliche geschliffen, ein Ex-Legionär mit der Kraft eines Norikers im Oberschenkel will die scharfe Kante.

In Mathe war ich zwar auch immer irgendwie gut, das lag aber eher daran, dass mich der Herr Professor – gleichzeitig Turnlehrer – sehr mochte. Beim Turnen. Und diese Sympathiepunkte in sein ernstes Fach überschwappten.

Nun könnte ich mir ausrechnen, dass ich mittlerweile schon 30 Jahre lang nicht mehr auf dem Eis gestanden bin. Dass meine Oberschenkelmuskulatur durch das ständige Autofahren eventuell weg sein könnte und mein grundsätzlicher Lebenswandel nicht nach der Laufbahn eines Athleten aussieht. Könnte ich.

Eislaufen verlernt man nie.

Tags darauf wagen wir uns auf den Eislaufplatz. Kind ist vollständig overdressed und eingepackt in einen Panzer aus rosa Wärmeoverall. Vater bleibt lässig in seinem Hochmut, in Jeans und Lederjacke, mit den Bauer Supreme und kleinen, rosaroten, aber größenverstellbaren Kinderflitzern unterm Arm. Dicke Socken. Klar.

Mein Töchterlein legt sich mit bewundernswerter Ruhe die neuen Schlittler an und latscht einfach los. Kinder GEHEN einfach auf dem Eis. So lange, bis sie ins Rutschen kommen, bis sie ins gleitende Laufen kommen. Unerschrocken. Ganz selbstverständlich.

Ich zwänge mich in meine Surpreme, denke an die Zeit zurück, als man sich noch mit PVC-Schaum in den Schuh geschäumt hat, um Maximalgrip zu erlangen und schnüre so fest zu, wie ich nur kann.

Die Anstrengung des Zubindens treibt mir die ersten Schweißperlen auf die Stirn. Meine Füße sind nicht mehr durchblutet, ich spüre nichts, bin noch keinen Meter gefahren und erste Zweifel kommen auf. Nichts da, Spitzensportler, schwing dich, los geht's!

Die Schuhe fahren los, der träge Körper versucht zu folgen. Was zum Henker passiert hier? Ich kann mich kaum auf den Beinen halten, die Schuhe haben ein merkwürdiges Eigenleben, ich stolpere, schlittere, ohne Halt, ohne Orientierung, die Schweißperlen auf der Stirn werden zu Sturzbächen, meine Oberschenkel brennen, jegliche motorische Fähigkeit scheint wie vom Eis gefegt.

Ich flitze an meinem Kind vorbei, diesem kleinen Watteberg, der sicher und konzentriert übers Eis gleitet. Sie schaut mich mit großen Augen an, ich kann weder lenken noch gleiten noch bremsen noch eine Haltung einnehmen, die nach Menschenwürde aussieht. Ich schieße taumelnd, unfähig und unausweichlich auf die hölzerne Bande zu. Um dort mit einem lauten Knall einzuschlagen und zu Boden zu gehen. Fin. Game over.

Ein kleiner, rosa Wattezwerg kommt langsam auf mich zugeschlittert. Sicher. Schritt für Schritt. Ich liege auf dem Rücken, keuchend, schwitzend, angsterfüllt. Eine kleine Hand im warmen, rosa Fäustling zeigt auf mich.

»Ich dachte, du kannst eislaufen?«

Ja. Dachte ich auch. Und bin traurig. Es ist mir nicht peinlich, es ist einfach nur traurig. Was wurde aus ... Wie alt bin ich noch mal?

Oh, verdammt. Im Sommer geh ich Radfahren. Das verlernt man nie.

DER WOLLFILZPULLOVER

Man kann nicht immer alles falsch machen. Man kann sich aber sehr bemühen, große Theorien großer Physiker mit simpler Hausarbeit zu beweisen.

Die Waschmaschine ist eines der letzten großen Rätsel der Menschheit. Es verschwinden darin Socken, erwiesenermaßen, wofür es nach wie vor keine Erklärung zu geben scheint. Vielleicht reißt die Zentrifugalkraft bei 1800 Umdrehungen pro Minute ein Loch in das Raum-Zeit-Kontinuum, und auf irgendeinem Planeten in einer fernen Galaxie stapeln sich die Socken.

Seit Jahrzehnten. Berge von Socken.

Die Wurmlochtheorie, auch Einstein-Rosen-Brücke genannt, aufgestellt im Jahr 1935, geht davon aus, dass wir uns in einer 4-dimensionalen Raumzeit bewegen, und der Einfluss von Gravitation selbige krümmen kann. Ergo: Schleudergang = Gravitation = Wurmloch = Socken ade. Koordinatensingularität in Multiversen. Albert hat's immer schon gewusst.

Vielleicht hat er auch gewusst, dass man Buntwäsche von Weißwäsche von Schwarzwäsche trennt. Damit die eine nicht die andere färbt oder seltsame Flusenerscheinungen auf dem schwarzen Gewande auftauchen.

Stephen Hawking schloss in seiner Theorie über das Universum in der Nussschale nicht aus, dass antigravitativ hineinfallende Teilchen, sogenannte exotische Materie, durchaus in einem Wurmloch auftreten können. Unbekannten Ursprungs.

Das sind dann die weißen Flusen auf den schwarzen Sachen, ganz simpel. Also die beiden nicht mischen.

Als Vielwäscher habe ich es leidvoll gelernt, alles von allem zu trennen. Keine weißen Teilchen auf schwarzer Materie, bitte, keine Färbung weißer Materie durch bunte, und im Zweifel Farbfangtücher in die Trommel werfen. Warum diese tatsächlich bunte Teilchen vor Übersprungshandlungen auf weiße Materie hindern, ist quantentheoretisch noch nicht belegt, aber es funktioniert.

Die unterschiedliche Materialbeschaffenheit der Schmutzwäsche gibt mir Rätsel auf. Baumwolle, Schafwolle, Schurwolle, Wolle ist doch Wolle, nicht? Wenn man alle Wollpullover zusammenschmeißt – nebst Farbfangtuch – kann doch nichts schiefgehen?

Der gelbe Benetton-Pullover gehört zu den jüngsten Anschaffungen meines preisbewussten Kindes. Brav im Secondhand-Laden um wenige Euro erstanden, einmal getragen und ab in die Schmutzwäsche. So wie alles, was sie nur kurz einmal am Körper trug.

Oder in der Hand.

Außerdem muss man sich mit vierzehn dreimal am Tag umziehen, mindestens. Es gibt ein Lern-Outfit, ein Herumknotz-Outfit, ein Untertagsrausgeh-Outfit und ein Abendsrausgeh-Outfit. Nach zwei Tagen hat sich so viel Wäsche angesammelt wie bei mir in zwei Wochen. Mann hat EIN Outfit des Tages. Aus. Und bei ausbleibender Inkontinenz kann man Jeans auch zweimal anziehen. Oder dreimal.

Der gelbe Pullover landet mit hauptsächlich schwarzen Rollkragenpullovern in der Maschine, dreht seine Runden und kommt wunderbar sauber wieder heraus.

Als Filzdingens. Eingeschrumpft auf circa ein Drittel seiner ursprünglichen Größe.

Wird sich beim Trocknen schon wieder ausdehnen, denkt sich Vati noch naiv. Der Wäscheständer und der Pullover bleiben nicht lange unbemerkt.

»Was hast du mit meinem Lieblingspulli gemacht?! Der passt nur mehr einer 4-Jährigen!«

Die Mischung aus Wut und Enttäuschung macht mir schwer zu schaffen.

»Probier ihn doch mal an, schaut vielleicht nur klein aus ...«, meine ich zaghaft, und Kind leistet Folge. Versucht irgendwie in den Pullover reinzukommen, er reicht nur mehr bis zum Nabel und die Ärmel bis zum Ellbogen.

»Das ist doch urpeinlich, bitte! Das ist WOLLE, die darf man nicht waschen, wenn man Wolle wäscht, wird sie zu FILZ. Das weiß man doch!«

Ich weiß überhaupt nichts. Meine Rollkragenpullover verändern sich keinen Millimeter und sind doch auch aus verdammter Wolle? Was ist denn der Unterschied zwischen Wolle und Wolle? Und warum liegt er dann in der Schmutzwäsche, wenn man ihn nicht waschen darf? Und wie wäscht man den Scheißdreck dann, und warum kaufst du so ein Klump eigentlich?

Leider kann ich mich nicht rausreden, erfahre, dass es so was wie von Hand waschen gibt, bleibe zerknirscht und beschämt zurück.

Tiefer Seufzer. Mir ist das wirklich peinlich. Was mach ich jetzt? Einstein? Hawking? Google! Es gibt doch sicher Leidensgenossen, Selbsthilfegruppen, Methoden, die verdichtete Materie wieder entdichten.

Und tatsächlich, ich werde fündig. Man lege den Filzhaufen in

eiskaltes Wasser und gebe eine Haarpflegespülung dazu. Reich-
lich. Hin und wieder daran ziehen, wenden und nach 24 Stunden
sollte er sich wieder entfilzt und ausgedehnt haben. Ein Stern,
kurz bevor er implodiert und verschwindet, dehnt sich auch aus.
Vielleicht ist der Pullover dann einfach weg? Oder es greift die
Expansionstheorie bei gleichbleibender Masse aus den 50ern.

   Egal. Ehrenrettung, please. Jetzt. Eiswürfel und Conditioner,
bitte lasst mich nicht im Stich.

UND WIE DU WIEDER AUSSIEHST

Die Ärzte, Michael Fassbender, Assassin's Creed, ich als Styling-Ikone, und warum auf Schleichwerbung einfach mal gepfiffen wird.

Nach wie vor üben Fastfoodketten eine gewisse Faszination auf Teenager, Kinder, Jugendliche und Erwachsene aus. Warum, weiß bis heute keiner so genau. Wie sagte der lustige Ostfriese einst so treffend: »Das erste Mal, dass das, was hinten rauskommt, besser ist als das, was man sich vorne reinschiebt.« Die mit dem M vor allem, M wie Magnet. Dem gelben M.

Schleichwerbung? Egal. McDonald's.

Essen fassen! Also beschließen mein Teenage-Superhunger-Spross und ich, besagten Restaurationsbetrieb aufzusuchen, um uns neuzeitgerecht am Touchscreen ein Menü zusammenzustellen. Bitte keine sozialen Kontakte, bloß nicht. Bildschirmgetippsel und mit Karte zahlen, wehe, jemand spricht. So der Plan.

Gut, wir packen uns zusammen, anziehen und raus. Die ersten seltsamen Blicke fallen mir schon im Lift unangenehm auf. Von einer 12-Jährigen mit gar nicht so dezenter Verachtung von oben bis unten gemustert zu werden, und dazu diese strengen, leicht zusammengekniffenen Augen machen mich etwas unlocker.

Tendenz steigend.

Auf der Straße angekommen, wage ich zu fragen, ob irgendetwas an mir nicht passe.

Böser Fehler, macht man auch nur einmal.

Das sanfte Schlendern Richtung gelbes M findet sofort sein jähes Ende. Stillstand. Ich werde von oben bis unten analysiert, ich sehe mehr als nur Strenge in ihrem Blick, dann ein Satz wie ein Schwerthieb.

»Wie du wieder aussiehst, du weißt aber schon, dass man mit dir eigentlich nirgends hingehen kann? Das ist urpeinlich.«

Aha. Verblüffung macht sich in mir breit.

Erstens, wieso erdreistet sich ein völlig geschmacksbefreiter Jungmensch, der selber aussieht wie der Clochard von der Champs-Élysées aus »Im Kittchen ist ein Zimmer frei«, über mein Outfit zu urteilen?

Zweitens, was stimmt denn nicht?

Dr. Martens, schwarz. Eine Camouflage-Jogg-Pant vom H&M in Grau-Schwarz. Oben ein überlanger Cardigan in Grau-Weiß mit Kapuze über schwarzem Shirt von Esprit. Darüber ein wattiertes, warmes Gilet in Burgund vom Peek. Pfeif auf Schleichwerbung. Ich betone hiermit ausdrücklich, dass meine Schnürsenkel dito burgundfarben sind. Und wo gibt's denn bitte so was – die Farbe der eingefädelten Schuachbandl perfekt kombiniert mit der Farbe des Primäroberteils. Tatsache!

Ehrfurchtsminute!

Eigentlich fühle ich mich als Styling-Gott, bis mich das vernichtende Urteil eines 1,50 großen, sprechenden und gehenden Fetzenhaufens trifft.

»Echt. Niemand trägt mehr Jogg-Pants, Dr. Martens waren vielleicht mal in den 60ern (weiß der Zwerg eigentlich, wie jung ich bin?) modern. Und diese Kapuzenweste, wie aus Assassin's Creed, dort solltest mitspielen. Niemand zieht sich so an. NIEMAND. Extrem Peinlich.«

Assassin's Creed? Ah, das Computerspiel, der Film, Fassbender, kultig. »Niemand zieht sich so an« ist doch eigentlich eine Verneigung vor einem Styling-King, oder? Es kann eben nur EINEN geben.

Ein kurzer, verzweifelter Moment der Freude, vielleicht handelte es sich doch um ein Kompliment? Aber der Blick! Ungespielte, wahrhaftige Verachtung. Meine Hoffnung stirbt einen leisen, schnellen und schmerzhaften Tod.

Warum starren mich manche Leute in der U-Bahn tatsächlich an? Ist Fassbender cooler als ich? Okay, das war vermessen. Der Mann ist mittlerweile schon Oberliga. Auch in den 70ern geboren, und zwar in Heidelberg, Deutschland. Ein paar Oscar-Nominierungen hat er schon auf dem Buckel, hat er jemals einen bekommen? Für »12 Years A Slave« vielleicht?

Ich kann mich nicht erinnern, meine Gedanken kehren wieder zurück zur nackten Fashionrealität.

Eigentlich sollte doch ICH derjenige sein, der die pubertierende Miss »Ich trag nur oversized« verbal in ihre Bekleidungs-Einzelteile zerlegt und Plattitüden à la »Wie du wieder aussiehst« rausdrischt (Zitat: Die Ärzte aus: »Junge«).

Nichts von dem, was sie anhat, passt ihr. Sie sieht aus wie eine Schildkröte in einem überdimensionalen Panzer, völlig verloren im X-large-Wahnsinn.

Irgendetwas läuft falsch auf dieser Welt. Ganz falsch. Bin ich halt wieder mal daneben. Obwohl ... der Assassin's-Creed-Vergleich ist doch trotzdem irgendwie saucool, nicht?

MENTALIST IM KÄFER

Ich bin ein Magier, ein Zauberer, ich kann mit der Kraft meiner Gedanken Dinge bewegen. Ich bin Houdini, Copperfield und Klok in Personalunion.

Was haben gute Zaubertricks gemeinsam? Ein perfekt inszeniertes Prestigio. Die fünf Sinne des Zusehers werden dorthin gelenkt, wo die Ablenkung passiert, um das Offensichtliche, die Tat an sich, vor ihm verborgen zu halten.

Wir befinden uns auf dem Weg nach Vorarlberg, um die Oma zu besuchen.

Falsch, ich darf die Prinzessin nach Vorarlberg BRINGEN, also sieben Stunden im Auto hocken, um am nächsten Tag wieder allein heimzufahren. Enkel-Oma-Urlaub.

Natürlich gibt es so was wie eine Eisenbahn, ein schienengebundenes Verkehrssystem für den Transport von Gütern UND Personen. Die Stockton und Darlington Railway begann 1825, echte Menschen in England von A nach B zu befördern.

Diese Menschen wollten das auch – mein kleiner Mensch: partout nicht. Da kann ich argumentieren, bis mir die Lippe anschwillt, sobald sie das Bild von einem finsteren Gesellen mit pathologischem Psychogramm, der sie verschleppen könnte, in meinen Kopf zeichnet, geb ich auf. Und geh auftanken, Reifendruck überprüfen und das Innenleben des Fahrzeugs entrümpeln.

Wir fahren vor uns hin, meine Musikauswahl ist selbstredend

extrem fragwürdig, und wir einigen uns auf drei Titel bestimmst du, drei Titel bestimme ich, abwechselnd.

Nachdem mir das ständige Koppeln und Entkoppeln des Smartphones mit dem Bluetooth-Sound-System des Volkswagen einfach zu blöd ist, gebe ich auch hier auf. Hör einfach, was du willst, und erfüll mir hin und wieder einen Musikwunsch, damit meine Ohren nicht komplett verkäsen von den Gesängen Ariana Grandes und Co.

Seltsamerweise ist der Handyempfang immer genau dann schlecht und Streamen unmöglich, sobald sich der alte Herr was von Tom Petty, dem Electric Light Orchestra oder – das Schlimmste überhaupt – Rainbow wünscht. So ein Pech. Müssen wir leider das hören, was am Handy des durchtriebenen Zwergs gespeichert ist.

Ich fahre Passau ab, um wenigstens ein bisschen Spaß auf deutschen Autobahnen zu haben und die 2000 PS des VW-Boliden wahrzunehmen. Speed, gimme what I need – um Porsches bzw. ähnlich gefährliches Gerät zu verblüffen, die so was von nicht mit einem VW Käfer rechnen. Aufgemotzt wie ein Bugatti Chiron Zero. Ich liebe die verdutzten Gesichter der Männer hinter dem Lederlenkrad ihres Maserati, wenn der Käfer vorbeiglüht. Viele Fragezeichen, Verblüffung, die Realität des Augenblicks in Frage stellend. Werde ich jetzt in meiner 200.000-Euro-Karre tatsächlich von einem sch... Käfer überholt? Ja, du wirst, Junge. Und du wirst diesen Anblick nie vergessen.

Kind hat sich der Schuhe und Socken entledigt, ihre Chips und sonstigen Fressalien sind in der kompletten Fahrerkabine verteilt, und sie selbst sitzt auf einem Haufen Gummibärli, der sich langsam in den Sitz reinfrisst. Ich sehe ihr zu, wie sie mit ihren nackten, zugegeben entzückenden kleinen Füßchen die Windschutzscheibe innen verschmiert und mir dabei erklärt, dass Colaflecken tatsächlich von selbst, wie von Zauberhand, verschwinden können.

Ich kann übrigens auch zaubern.

»*Aja? Was denn?*« Sie wirkt interessiert.

Ich kann mit der Kraft meiner Gedanken, durch reine Konzentration, das Auto steuern, beschleunigen, bremsen – überhaupt alles. Einer 11-Jährigen kann man noch viel einreden, denke ich mir, und hole zur Beweisführung aus. Die Raserei hat ohnehin ein Ende, denn auf der A8 staut es sich. Wie immer vor München. Ich ordne mich rechts ein, mache einen auf Konzentration und Ernsthaftigkeit und nehme die Hände kurz vom Lenkrad. »Schau.«

Mit geballten Fäusten ziehe ich die Hände langsam Richtung Körper. Das Prestigio.

Der eigentliche Trick findet bei den Beinen statt, in dem ich ganz konventionell mit dem Fuß auf die Bremse trete. Das Auto wird schlagartig langsamer. Ein verblüfftes Kindergesicht, der Mund bleibt ihr offen stehen und der Nimm-2-Lolli kippt raus. Shit. Wieder ein pickiges Zuckerl in der Polsterung.

Zwei Sekunden vergehen. Der Magier sitzt mit stolzgeschwellter Brust wieder normal am Lenkrad und genießt seinen Triumph.

Dritte Sekunde: »*Geh, Papa, Gas geben und bremsen tut man doch mit den Füßen, oder? Das ist doch der urpeinliche Schmäh ...*«

Illusion vorbei. Sie ärgert sich über die zwei Sekunden, in denen sie tatsächlich ihren Augen nicht traute, ich freue mich über die zwei Sekunden, die sieben Stunden Ohrenpein wettmachten. Das wird eine lustige Fahrt. Vielleicht fällt Harry Houdini noch was ein. Als Rache für all die Selena-Gomez-Songs dieser Welt.

BLOOD, SWEAT & TEARS

Ist eine amerikanische Jazzrockband, die in meinem Geburtsjahr einen Grammy einfuhr. Aber darum geht es gar nicht. Oder schon auch. Es geht um eine Taufe.

Ich fotografiere für mein Leben gern. Und gut. Überhaupt bin ich eigentlich in allem extrem gut, was ich mit Leidenschaft betreibe. Meine Nikon wird sogar hin und wieder in meinem Freundeskreis gebucht, wenn es um markante Lebensereignisse wie eine Taufe, eine Hochzeit, eine Scheidung oder eine Fleischweihe geht. Unentgeltlich, versteht sich, der Meister ist ohnehin unbezahlbar, also wozu schnöden Mammon verlangen?

Einer meiner besten Freunde hat Nachwuchs bekommen, eine Taufe steht an.

Wir machen uns schick, Töchterchen muss die verhassten Ballerinas nebst einem Kleidchen anziehen und wir fahren zu einem entzückenden kleinen Kirchlein am Rande der Großstadt. Viel zu früh dran, der Fotografiemeister muss die Lichtverhältnisse prüfen und ein paar Testschüsse abfeuern, bevor die taufwütige Meute eintrifft. Es ist ein wundervoller Tag, die Sonne knallt just durch die fünf Meter hohen, bunten, romanischen Kirchenfenster herein und beleuchtet einer Discokugel gleich das Innere in allen Farben des Regenbogens. Da hilft auch kein Objektivwechsel. Blitzen verboten, meint mein gestrenger Freund. Das störe die Andacht.

Ich gebe mein Bestes und fotografiere bunt beleuchtete

Menschen in einer bunten Kirche mit einem bunten Pfarrer und einem bunten Taufbecken. Der Schweiß rinnt mir den Nacken hinunter. Diese Momente hier für ein ordnungsgemäßes Taufbuch festzuhalten, ist keine leichte Übung.

Geschafft, getan, Abmarsch zur Feier in einer nahe gelegenen Gastwirtschaft, die aussieht, als stünde man mitten auf einer steirischen Alm in einer Schutzhütte. Ein Traum.

Es wird gegessen, gefeiert, getrunken, die Kinder spielen, Goldlocke hat sich ihrer Ballerinas längst entledigt und klettert im zarten Alter von neun Jahren in der Gegend herum. Fadesse? Bewegungsdrang? Kind eben. Sie erklimmt auch einen ziemlich mächtigen Garderobenständer, der in Blickweite der Tauftafel steht. Ich beobachte sie aus den Augenwinkeln, und in dem Moment, in dem sich in mir die Frage aufbäumt, ob das jetzt ihre beste Idee des Tages ist, ist sie auch schon oben auf dem Riesengerät angekommen und freut sich.

Kurz. Sehr kurz. Der Ständer neigt sich.

Puppi, du bist zu schwer, der Ständer kippt, er fällt, er rast auf den Boden zu!

Kind klammert sich wie ein Ertrinkender an den Fahnenmast fest und schlägt mit einem knochentrockenen Geräusch auf dem Boden auf. Nein, nein, nein! Ich springe vom Sitz, panisch, noch mit der Kuchengabel in der Hand. Da liegt der arme Knödel Mensch, begraben unter einem mächtigen Garderobenständer, überhäuft mit Jacken und Mänteln und gibt keinen Mucks von sich.

Wird schon nicht so schlimm sein, ich buddle sie aus und entdecke mit Entsetzen Blut – Teil 1: Blood. O mein Gott – Goldlöckchen hat sich den Kopf aufgeschlagen und blutet! Mein Herz rast, mein Großhirn ruft Defcon 1 aus, maximale Einsatzbereitschaft, alle Truppen werden mobilisiert. Ausnahmezustand, Schweißausbruch – Teil 2: Sweat! Meine Schnelluntersuchung ergibt eine kleine Rissquetschwunde, keinen Platzer. Nach der Schockstarre beginnt die Zwergenprinzessin bitterlich zu heulen. Teil 3: Tears. Mir bricht das Herz, umarmen, trösten, knuddeln, und die Lage beruhigt sich relativ schnell wieder.

Weil ihre Goldlöckchen nicht mehr so schön golden sind wie vorher, sondern eher rötlich schimmern, verspreche ich, ihr eine der lustigen Hauben, die es beim Eingang gibt, zu kaufen. Die Gastwirtschaft verkauft nämlich steirisches Häkelwerk.

»Um Himmels willen, wie siehst DU denn aus?« Mein Freund starrt mich entgeistert an. Oh. Mein weißes Hemd ist blutverschmiert, das Umarme und Getröste hat Spuren hinterlassen.

»Ich brauch jetzt einen Schnaps, glaub ich« – so lauten exakt meine Worte.

Wir latschen zur Theke, der eine noch erregt ob des blutenden Kindskopfes, der andere ob des blutverschmierten Freundes, und wir bestellen uns mal eine gute Birne. Doppelt. Und bitte noch eine.

Nach ein paar dieser exquisiten Obstgetränke machen wir uns über die Mützenvitrine her und probieren die Hauberln durch. Schon etwas grob in der Feinmotorik, aber dafür mit doppelt so viel Spaß. Ich entscheide mich schlussendlich für eine Erdbeerhaube, ein Mützchen im Design der Frucht, setze sie auf und freue mich auf die selbst gebrannte Zirbe, die der Hausherr ausgibt.

Die Party an der Bar weitet sich aus, die Stimmung steigt, ich habe längst vergessen, dass ich noch diese dämliche Mütze auf dem Haupt trage, als Rotlöckchen um die Ecke biegt und mit dem Finger und großen Augen auf mich zeigt:

»Wie siehst DU denn aus? Das ist doch urpeinlich! Ist das meine Mütze?«

Fassen wir zusammen: Ich stehe an einer Holztheke in einer steirischen Almwirtschaft mit einem dezenten blauen Anzug, vollgeblutetem weißen Hemd, ohne Krawatte, mit einer scharlachroten Erdbeermütze mit grünem Stängel auf dem Kopf und grinse wie ein Pandabär ob des Zirbengeistes.

Mhhm. Marillenbrand gibt's auch. Lecker.

HOLZSCHILDKRÖTE

Wenn es dem Esel zu wohl ist, geht er aufs Eis. Wenn es der Schild-
kröte zu wohl ist, geht sie auf die Burg. Macht doch Sinn, oder?

Oktober. Das Erntedankfest ist vorbei, Halloween rückt in greif-
bare Nähe und mittendrin erlebt man oft einen fantastischen
Indian Summer.

Die Natur zieht sich in ihre schillerndsten Farben zurück und
am 31.10. kommen dann auch endlich die Toten wieder heim. Wo
sie das ganze Jahr über waren, weiß man nicht. Die Kelten waren
auf jeden Fall davon überzeugt, dass nicht nur das Vieh wieder in
die Ställe heimkommt, sondern auch die Seelen der Verbliche-
nen. Und den Kürbis haben wir einem trickreichen Iren zu ver-
danken, nein, eigentlich war's eine stinknormale Rübe, aber als
die Iren Amerika besiedelten, gab's dort keine brauchbaren
Navetten, also nahm man einen Kürbis. Egal, das dauert jetzt zu
lang. Googelt einfach Jack O'Lantern, spannende Geschichte.

Mein damals noch sehr verspieltes Prinzesschen und ich machen uns auf einen schönen Spaziergang Richtung Schlosspark
nebst dort angelegten Spielplatz.

Der Klassiker unter den heimischen Playgrounds: alles schön
aus Holz, rotgrünblau angemalt, Nestschaukeln, Kletternetze,
Drehkreisel, Schaukelpferde. Eine kleine Welt inmitten der
Natur, fest in den Rindenmulch reingeschraubt.

Das Wichtigste: die Ritterburg. Ein seltsames Konstrukt, das
es zu erklimmen gilt, wenn man über die 5-Meter-Rinne hin-

unterrutschen will. Hinauf kommt man über ein labyrinthartiges System aus Tunneln, Netzen und Leitern. Am Vortag hat es geregnet, es ist alles noch ein wenig angefeuchtelt, aber angenehm kühl, nicht kalt.

Vater setzt sich mal in sicherer Distanz zu dem schreienden Kinderhaufen, der über das Spielfeld rollt, auf ein Holzbankerl. »Raucht sich eine kleine Zigarette an« – wie Johannes Heesters im Alter von 110 Lenzen noch sang –, und fährt sofort von einer militanten Montessori-Gang Schimpfe ein.

Gut, wird halt nicht geraucht! Ich beobachte mein Töchterlein. Sie hat Spaß, sie ist safe, und wenn sie sich irgendwo versteigt, ist Superdad zur Stelle.

Ritterburg rauf, Rutsche runter, Ritterburg rauf, Rutsche runter. Dieser stoische Gleichmut, mit dem Kinder immer wieder dasselbe machen, ist bewundernswert. Sie winkt mir heftig von der Burgspitze. »*Komm auch rauf!*«

Ich wollte sowieso grad die giftspritzende Nichtraucherversammlung verlassen und schlendere hinüber. Als gelerntes Alphatier, daran gewöhnt, Entscheidungen autonom zu treffen, sage ich überzeugt: »Nein, da komm ich nicht rauf, ich pass da nirgends durch.«

„*Ach bitteee!*«

Und schon steigt der Alte, Autonome ins Labyrinth ein. Wenn Mylady es wünschen, sehr wohl, Mylady.

Ich quetsche mich durch eine enge Röhre, ziehe mich an einer Holzleiter hoch, überquere ein Kletternetz – nächster Tunnel: noch enger, mein Mantel dreckt sich schön ein. Nur noch ein kleines Kletterwändchen hoch, mit Seil zum Festhalten und dann rein in den Burgturm.

Schwitzend, röchelnd, meine Kleidung dampft, mein Blut

kocht. Die Einstiegsluke ist miniklein, irgendwie ziehe ich mich hinein und verharre kurz. Schwindelanfall, atmen, ausdampfen, Mantel aufmachen. Das Kind ist schon hinfortgerutscht.

Ich stecke den Kopf zur anderen Seite der Burg hinaus und schaue mir die Rutsche an. Nein, da komm ich nicht runter. Ich komm weder durchs Loch raus noch passt mein fetter Podex auf die Aluminiumrinne. Außerdem ist mitten in der Landezone eine Pfütze. Kopf wieder rein. Weiterdenken. Kopf wieder raus, Kind winkt. Kopf wieder rein. Wie eine Schildkröte, in einem Holzpanzer in Grünrotblau. Köpfchen rein, Köpfchen raus.

Platzangst, der Schwitz rinnt mir den Rücken runter, erste Panikattacke im Burgzimmer. Hinten ein Loch, vorne ein Loch, keine Ahnung, wie tun, ich muss hier einfach weg.

Schlangenartig ziehe ich mir den Mantel aus, schiebe meine Beine vorwärts durch den Ausgang Richtung Aluminium, robbe wie ein Molch auf dem Rücken Richtung Freiheit, Arme über den Kopf, Mantel halten.

Endlich draußen. Ich gleite mit der Geschwindigkeit einer toten Weinbergschnecke die Rinne hinab. Ich deute meinem Lieblingskind: Bitte, Mantel fangen. Werfe, sie fängt ihn halb, der andere Halb liegt in der Pfütze. O, so fein ...

Nach ein paar Wochen komme ich endlich unten an, reiße die Beine auseinander, um mir nicht auch noch die Schuhe in der Lacke einzuwässern und lande im Telemark. Haltungsnote 10.

Ein Fuß in der Pfütze beim halben Mantel, ein Fuß im Rindenmulch. Verschwitzt, keuchend, zitternd, zerzaust, mit einem knallroten Kürbis.

Der Clan der Nichtraucherinnen grinst verschmitzt herüber.

»*War doch lustig, gell?*« Goldlöckchen rennt zur nächsten Attacke auf den Turm.

Ja, voll lustig. Ich hasse den Herbst, ich hasse den Oktober, ich scheiße auf Halloween. Lasst mich heimkehren zu den Seelen der Toten. Und vorher ein heißes Bad, bitte.

REQUIESCAT IN PACE

Ich habe überhaupt kein Problem mit dem Tod. Ich sehe ihn mehr so als Übergang. Aber warum hat der Tod ein Problem mit mir?

Irgendwer stirbt immer. Ab einem gewissen Alter sterben Verwandte, Bekannte und alle, die mit »Groß-« beginnen. Großeltern, Großonkels, Großtanten, Großnichtenneffenweißderteufel.

Mein Stiefgroßonkel ist gestorben. Was genau das laut Stammbaum bedeutet, ist mir selber nicht klar. Ich kannte den Mann kaum, aber es gebietet die Höflichkeit, der Gesamtverwandtschaft bei einem solchen Anlass beizustehen. Meiner 10-Jährigen ist das alles ziemlich einerlei, das Kleidchen steht ihr sehr gut, aber die Ballerinas zieht sie nicht an. Beim Leben meines Stiefgroßonkels nicht. Also Kleidchen und ausgelatschte Turnschuhe. Mir soll's recht sein. Ich packe mein Kameraequipment ein, dereinst noch eine simple Digitalkamera mit Wechselobjektiv. Damit's mir erstens nicht fad wird, und um mich zweitens dahinter zu verstecken. Sollte jemand mit mir reden wollen. Man kann nie vorsichtig genug sein.

Wir fahren nach Oberkärnten, Gemeinde Stockenboi, in den Ort Zlan. Sofern dort überhaupt eine Straße hinführt. Irgendwie habe ich den Eindruck, die Wege werden schmäler, das Licht wird weniger, wir nähern uns dem Ende der Scheibe Welt.

Zlan. Es gibt dich wirklich. Dem Anlass entsprechend angezogen, schlurfen wir zur Trauergemeinde. Ich ebenfalls in Sneakers, Vater-Tochter-Allianz.

Es werden Hände geschüttelt, Menschen begrüßt, die ich mei Lebtog no net g'sehn hob, die aber mich zu kennen scheinen, die volle Aufmerksamkeit gehört allerdings dem kleinen Goldengel an meiner Seite. Schon so groß, und so entzückend! Weinende Gesichter, unbeteiligte Mienen, gelangweilte Trauer, gemischt mit der drängenden Frage »Wann gibt's was zum Essen?«.

Ein etwas verwirrendes Stimmungsbild.

Wir lassen die kleine Messe über uns ergehen, ich knipse hin und wieder Auffälliges, vor allem die Trauerschar in den ersten Reihen, selbst wenn ich dafür abfällige Blicke ernte. Ihr werdet noch froh sein, diesen denkwürdigen Moment festgehalten bekommen zu haben!

Sosehr ich mir auch ein New-Orleans-Jazz-Funeral wünschte, es bleibt ein katholischer Betroffenheitsevent. Die Musik, wenn sich der Organist vergreift, die hängenden Blumenköpfe an den Kränzen, die Schwarzgekleideten: Alles ist sehr traurig.

Mein Goldlöckchen hat noch keinen Bezug zum Tod. Oder denselben wie ich: Hallo neue Welt! Ich verlasse die eine und trete in eine andere ein. Hier bin ich. Whazup? Und wo gibt's hier was zum Essen?

Wir verlassen allesamt wieder die Kirche, die Arme wie bei einem Freistoß brav vor dem Körper verschränkt, den Kopf demütig gesenkt, ein wenig mit dem Nachbarn murmelnd.

Ich knipse weiter. Der Sarg wird zu seinem Lageplatz getragen, zum Abfieren eingehängt, und der tschechische Priester spricht mit bebender Stimme salbungsvolle Worte. Mit Akzent. Leise. Es ist überhaupt sehr still hier.

Der Sarg ist unten, es kommt zum Abschiedszeremoniell, alle stellen sich in einer Reihe auf, um ein kleines Schäufelchen Erde darauf zu werfen. Von ebenfalls leisem, unverständlichem

Gebrabbel begleitet. Mein Lieblingskind meistert die Aufgabe souverän und unbeeindruckt, dann ich bin dran.

Ich hänge mir die Digitalkamera ans Handgelenk, nehme das Minischäufelchen mit Erde darauf, schippe es lässig Richtung Sarg. Zu salopp, zu gelassen. Der Schlenker aus dem Handgelenk befreit meine baumelnde Digitalkamera, die Schlaufe löst sich und mit einer Selbstverständlichkeit, die selbst Sir Isaac Newton hätte staunen lassen, bewegt sich mein Fotoapparat auf den Sarg zu.

KLONK!

Der Aufprall ist überdimensional laut. Einen kurzen Moment lang hatte ich gehofft, die Kamera würde das Holz einfach verfehlen und auf der Erde landen. Nein. KLONK! Ein hölzernes, trockenes Geräusch wie ein Gewehrschuss, kompaktes Metall trifft hölzernen Hohlkörper. Der Tscheche verstummt.

Wieso ich? Wieso hier? Was hab ich verbrochen, bitte?

Tausende Augenpaare starren mich an. Mein Rücken brennt, das Lieblingskind schüttelt den Kopf. Der Tscheche kneift die Lippen zusammen und schaut entheiligengeistert. Ich tu einfach auf normal, lalle irgendwas in meinen Bart und drücke meinem Hintermann das Schäufelchen in die Hand.

Verdammt, wie peinlich ist das denn? Und wie komme ich jetzt wieder zu meiner Kamera? Warten, bis alle weg sind, und hinuntersteigen? DAS GEHT DOCH NICHT.

Ich nehme meine Tochter an die Hand und lege demonstrativ meinen Zeigefinger an die Lippen. Pssst. Nichts sagen, bitte. Der Großonkel soll in Frieden ruhen. Meine Kamera muss mir dann einer der Pompfüneberer wieder rauftauchen. Wenn alle weg sind.

Darf ich jetzt bitte zum Leichenschmaus in New Orleans, und nicht in Zlan?

KINDER AN DIE MACHT

Zwischen rhythmischen Tanzbewegungen und einem epilepti-
schen Anfall liegt oft nur ein schmaler Grat. Den überschreiten
kann ich. Am leichtesten mit meinem Lieblingspiefke.

Wir schreiben das Jahr 1985. Zwischen Wham!, Modern Talking
und Madonna taucht am Popfirmament plötzlich ER auf. Ein
Deutscher. Ein Deutscher? Ja. Geboren in Göttingen, aufgewachsen in Bochum, wo er in der dortigen Schauspielschule zum
musikalischen Leiter avancierte. Seinen internationalen Durch-
bruch in der schaupielenden Zunft erreichte er mit dem Film
»Das Boot«. Jetzt klingelt's, gelle?

Unser Lieblingspiefke, unser Herbert!

Herbert Arthur Wiglev Clamor Grönemeyer. Nein, ich weiß
auch nicht, wie die vielen Vornamen zustandekamen, ich weiß
nur, dass das Album »4630 Bochum« nicht nur mein Musikleben
maßgeblich verändert hat, sondern auch das von Millionen
Österreichern. Hymnen sind entstanden. Auf Deutsch! Und das
in den 80ern. Hätte mir damals jemand prophezeit, dass ich ein
Jahrzehnt später just in seinem Recordlabel sitze, als Teil seiner
Karriereschmiede ... äh ... bitte das Jackerl mit den langen
Ärmeln. Zum hinten Zubinden.

Wir schreiben das Jahr 2015. Herbert Grönemeyer in der
Stadthalle. Beruf und Privatvergnügen verschmelzen zu einer
kongenialen Harmonie.

Kind, du darfst mitkommen, und damit dir nicht fad wird, weil ich vielleicht so was Ähnliches wie »arbeiten« auch muss, nimm dir eine Freundin mit.

Die Freude ist überschaubar. Als 12-Jährige steht man genau auf der Kippe zwischen all dem deutschsprachigen Gedöns, mit dem einen Vatern Stunden um Stunden im Auto zugedröhnt hat, und dem amerikanischen Disneyland-Popdance-Gelumpe, das immer mehr an Aufmerksamkeit gewinnt. Ich werfe ein paar Gassenhauer von Herbie an, ernte viele »Ah, der ist das!«, und das kleine Gesicht erhellt sich.

Arriva. Wir checken in der Stadthalle ein. Die Kinderleins werden mit Backstagepässen ausgerüstet und wachsen stolzgeschwellt um 10 Zentimeter. Ich absolviere meine Aufwartungsrunden und Begrüßungsrituale, grinse wie ein frisch lackiertes Hutschpferd, freue mich über Menschen, die mit Gummibärentüten bewaffnet zum Konzert erscheinen und hole mir in nobler Vorfreude ein Hopfengetränk im Tourbecherdesign.

Es beginnt. Herbert!!!

Die Stadthalle feiert, wird zu einer einzigen, großen Familie. Unpackbare Stimmung, der Künstler in Bestform, die Show ein Traum, bloß tanzen kann er immer noch nicht. Zweiter Tourbecher.

»Flugzeuge im Bauch«, und Feuerzeuge raus. Rechtzeitig bevor die Haare der Frau vor mir Feuer fangen, merke ich, dass ein vollgetankter Zippo-Benziner für Aktionen dieser Art eher ungeeignet ist. »Alkohol« – und der Papa wirft endgültig alle Hemmungen von Bord und bewegt sich. Was Herbert tanzen nennt, kann ich schon lange, und bei »Kinder an die Macht« zucke ich endgültig aus. Dritter Tourbecher. Die Publikumsfamilie behagelt die Bühne mit Gummibärchen. So muss das! Der Saal kocht. O Gott, ich liebe diesen Mann.

Die kleinen Stoppel in meiner Umgebung gucken argwöhnisch. Misstrauisch. Hat der Alte jetzt einen Schlaganfall, einen Epileptischen, oder was geht hier ab? Ich kann die Fragen im Gesicht meiner Zwergenkönigin mittlerweile fehlerfrei lesen.

Nein, ich kann nicht tanzen, ich habe nie behauptet, tanzen zu können, ich lasse mich hier einfach gehen. Sagt mein Gesicht.

Ich tänzle schräg hoppelnd wie eine angefahrene Krabbe mit zugegebenermaßen etwas zu ruckartigen Armbewegungen zu den Damen hinüber und singe laut mit. Kiindeeer an die Macht!

Goldlöckchen wirkt streng, und ich beuge mich zu ihr hinunter.

»Du, Papa. Das ist nicht tanzen. Das ist einfach nur ...«

Der Rest geht zum Glück in tosendem Applaus, Standing Ovations und dem Jubel von Millionen Menschen unter.

Ich erahne, welches Wort ich soeben verpasst habe, verstehe gerade noch, dass die Kinder sich jetzt abholen lassen und gehen werden. Aha. Bin ich euch zu peinlich, oder was? Betrunken? Nein, ich bin nicht betrunken, mitnichten. Vielleicht ein wenig enthemmt, ihr elenden Spaßbremsen!

Seltsam geringschätzige Blicke, und das Jungvolk geht ab.

Selber schuld. Zwei, drei Zugaben wird's sicher geben. Außerdem fehlt mir noch »Mambo« und die Österreichhymne. Dann raste ich nämlich endgültig aus und hoffe, dass die Sanitäter ruhig bleiben und mich nicht auf eine Trage packen.

Vierter Tourbecher. Danach geht's backstage zum Meister. Herbie wird mich sicher nicht verächtlich ansehen wie das Kindsvolk, sondern sich über meinen Anblick freuen. Glaub ich zumindest. Das Bier hier ist doch alkoholfrei, oder? Ah. Da ist sie: »Ich hab dich liiiiieeeeb, so lieeeeeb, liieeeeber als du denkst ...«

Sanitäter, bitte!

SPIEL MIR DAS LIED VOM BROT

Reiten verlernt man nicht. Das ist wie Radfahren oder Schwimmen. Auch wenn man schon 20 Jahre nicht mehr auf einem Gaul saß. Ein Sommer wie damals.

Pferde. Warum üben diese Tiere bei Mädchen eines gewissen Alters diese unwiderstehliche Faszination aus? Tiefenpsychologen meinen, damit leite sich der Abnabelungsprozess von den Eltern ein. Das starke Tier gibt Sicherheit und Selbstvertrauen, es zu »versorgen« stärkt das Verantwortungsbewusstsein; sich auf die Eigenheiten eines anderen Lebewesens einstellen zu müssen, lehrt Harmoniefähigkeit. Na ja. Auf jeden Fall besser ein Gaul als der urliebe Kerl aus der 3. Klasse.

Ich lasse mich zu einem Haflinger-Weekend überreden, nebst zehn Reitstunden, Puppi will reiten lernen. Gut, ich hab's auch mal gelernt. Nicht aristokratisch englisch, dafür erdiges Westernreiten. Was irgendwie cool war, bis zu dem Moment, als einer frisch gebackenen Pferdemama mitten im Gelände einfiel, sie müsse jetzt sofort zu ihrem Fohlen und ausbrechen. Mit mir auf dem Rücken. Ich habe heute noch Phantomschmerzen, wenn ich daran denke. Wie lange das her ist? So an die 25 Jahre.

St. Lorenzen am Wechsel. Hier gibt es einen wunderschönen Pferdehof, jede Menge Gegend, eine sanfte, ruhige, bucklige Welt und Klepper Ende nie. Die Betreiber des Hofs sind entzückend, die Lehrerin eine gestrenge Britin mit eng geflochtenem Pferdeschwanz und Gerte, hager, stereotyp, klischeehaft.

Der erste Tag ist relativ unspektakulär. Das Kind lernt den Umgang mit dem Pferd, richtig aufsteigen, absteigen, aufsitzen, aufsatteln, absatteln, und im Voltigierbereich werden die ersten Runden gedreht. Tiefenentspannt, auf einem alten, muskulösen, fuchsfarbenen Haflinger. Diese Tiere sind bei Reitlernenden besonders beliebt, weil sie extrem gutmütig, friedlich und nervenstark sind, plus über eine praktische Schulterhöhe von 1,40 Meter verfügen. Ein Riesenpony mit dem Gemüt einer Meeresschildkröte.

Ich mache Fotos, schaue mir alle Zossen in Ruhe an und überlege, ob ich mir nicht vielleicht auch bissl »Auf dem Rücken der Pferde liegt das Glück dieser Erde« gönne. Oder antue? Nein, hier gibt's eh keine Westernsattel.

Der zweite Tag ist schon spannender zu beobachten. Balance halten, Gleichgewichtsübungen, Arme vor, zurück, seitwärts, ohne Hände, ohne Steigbügel, mit Sattel, ohne Sattel. Brav an der Longe, Runde um Runde.

Das Kind schwitzt unter seiner viel zu großen, schwarzen Teigschüssel von Reiterhelm, das Pferd versteht anscheinend Englisch, die Lehrerin ist streng, und der Papa stolz auf seine kleine Indianerin.

Am Ende des Tages gehe ich zu ihr, gratuliere ihr und erkläre ihr noch, gönnerhaft wie ich bin, wie man auf so ein Tier RICHTIG aufsteigt. Sich nicht am Sattel hochzuziehen, sondern sich so dicht wie möglich am Körper, Fuß parallel zum Körper, im Aufschwung nach vorne zu drehen.

Das kleine, verschwitzte Gesicht schaut mich provokant an und meint: »*Na, dann zeig mir doch mal, wie das geht. Du kannst ja angeblich so gut reiten ...*«

Hätte ich doch auf der Herfahrt einfach mein Großmaul gehalten. Das Schnitzel zu Mittag war ausgezeichnet, das Bier hier schmeckt hervorragend, ich bin die Ruhe selbst, nähere mich dem Fuchs und versuche einen astreinen Felgaufschwung ohne Feindberührung.

Mag sein, dass ich vor 25 Jahren größer war, oder die Viecher kleiner, oder ich gelenkiger, kräftiger und eventuell 20 Kilo weniger wog. Ich schwinge, Fuß so was von nicht parallel zum Pferd, besser, ich ramme ihm ungelenk meinen Spitz mit voller Wucht in die Flanke.

Anscheinend hat die Meeresschildkröte doch einen Geduldsfaden. Der jetzt reißt.

Der Haflinger setzt an zu einer Ehrenrunde in außergewöhnlichem Tempo. Ich hänge mit einem Fuß im Steigbügel und kralle mich, wie ein Sack Mehl seitlich am Pferd hängend, mit beiden Händen am Sattel fest. Todesangst, Panik, Verzweiflung, meine Volksschulzeit zieht an mir vorüber. Glanz und Gloria! Ich gehe jetzt am Anus der Welt in einer Halle voll Sägespäne und Pferdescheiße zugrunde? Vor meinem geistigen Ohr stimmt der Mann mit der Harmonika sein Lied an.

Eine sehr britische, bestimmte, aber beruhigende Frauenstimme dringt durch »Das Lied vom Tod« zu mir durch, und der Haflinger wird ruhiger. Langsamer. Frau Gerti geht mit einem großen Stück Brot auf uns zu.

Mein Puls bewegt sich langsam wieder Richtung 150 hinunter, ich habe keine Kraft mehr, löse mich und klatsche auf den Boden. Irgendwie weich. Mit lautem Flackern geht die Flutlichtanlage an. Ja, bitte, danke, Spotlight auch noch.

Meine kleine Squaw kommt grinsend angehoppelt.

»Ich ...«

»*Lass gut sein, das ist alles schon peinlich genug.*«

102

Warum das Flutlicht, o Herr, genau jetzt, in der Minute meines Niedergangs? Warum sehe ich aus wie mein Schnitzel zu Mittag? Gewälzt im Sägemehl der Schande.

Der Haflinger frisst seelenruhig sein Stück Brot. Wie bestechlich diese Viecher doch sind.

DER MEROWINGER

*Der Franzose aus der Matrix-Trilogie. Verschafft anderen Zutritt,
Austritt, Eintritt. Ich bin der Großmeister der Schlüssel. Nahezu
ein Genie.*

Ein Goldfisch habe ein Kurzzeitgedächtnis von drei Sekunden, so
die weit verbreitete Mär. Was überhaupt nicht stimmt. Ein Goldfisch kann sich sehr wohl merken, von wem er das beste Happa
ins Glas hineingestreut bekommen hat. Ein Nymphensittich hingegen hat so ziemlich in etwa NULL Kurzzeitgedächtnis. Was
sehr praktisch ist, weil für ihn alles immer neu ist und ihn in
Erstaunen versetzt. Er entdeckt laufend Universen. Wie aufregend.

Mein Kurzzeitgedächtnis ähnelt dem des Nymphicus hollan-
dicus und findet in einer äußerst unangenehmen Form seinen
Ausdruck. Just in dem Moment, in dem ich die Wohnungstür hinter mir ins Schloss fallen lasse, schießt mir durch den Cortex ce-
rebri: Fuck!

Der Schlüssel.

Ich sehe ihn vor meinem geistigen Auge genau dort liegen, wo
er eben liegt. Am Etagere neben der Garderobe. »And it's too late,
baby now, it's too late«, sangen die Stylistics dereinst.

Was tut man in einem solchen Moment? Man besinnt sich des
Menschen, der über noch einen Schlüssel verfügt. Mein Kindi.

Drei-, vier-, fünfmal musste ich schon beschämt durchrufen
und um das Objekt des Einlasses bitten. Beim ersten Mal ist es

noch irgendwie lustig, beim zweiten Mal seltsam, beim dritten Mal wird's wunderlich, beim vierten Mal peinlich und beim fünften Mal geschieht es nur noch ohne Worte.

Ihr Schlüssel wurde mir schon per Taxi in ein Wirtshaus nachgeliefert, mit einem Uber zu einer Besprechung gebracht, oder mein kleiner Schlüsselmeister ist selbst ausgerückt, um mich zu entsperren bzw. ich bin gesenkten Hauptes in die Schule gepilgert, um das Objekt der Kompromittierung abzuholen.

Das sechste Mal verschweigen wir hier. Das war selbst mir mittlerweile ziemlich schambefreitem Menschen zu prekär, und ich bemühte einen Schlüsseldienst. Der arme Mann konnte die Sicherheitstür dann tatsächlich auch nicht öffnen, und verschaffte sich in einem 90 Minuten andauernden Prozedere über den rausgeschraubten Türgucker mit allerlei wundersamem Gerät Zutritt. Zu einem Drittel des Preises. Ob seiner offensichtlichen Unzulänglichkeit.

Der Herr Vater ist allerdings ein intelligenter, lösungs- und nicht problemorientierter Mensch, und so komme ich eines Tages auf die glorreiche Idee, mir einen Reserveschlüssel unter die Türmatte zu kleben. Schwarze Türmatte, schwarzes Gaffaband, Schlüssel auf die Unterseite geklebt, hält, sitzt, sieht niemand. Ein genialer Schachzug. Selbst wenn der Hausflurputztrupp wütet, das Ding pickt. Sollte ich mich also wieder einmal im Nymphensittich-Modus aussperren, kein Thema, ins Haus selbst komme ich immer irgendwie, und dann klebt der Schlüssel der Erleichterung unter der Tacke.

Bei allernächster Gelegenheit demonstriere ich meiner Tochter voller Stolz mein Machwerk. Nie wieder wird mir die Pein obhold, sie um ihre Hilfe bitten zu müssen. Ich zeige ihr die schwarze Türmatte, drehe sie um, führe die geniale Tarnung mittels gleichfarbigem Klebeband vor, ziehe das Ding ab und präsentiere voller Stolz: den Reserveschlüssel.

Ein abschätzender Blick. Abwägend. Ein breites Grinsen wird langsam aber sicher zu schallendem Gelächter. Wieso jetzt schon wieder, was stimmt denn nicht? Besser kann man sich doch selbst nicht überlisten? MacGyver ist doch ein lauwarmer Bastler im Vergleich zu meiner Genialität?

»Du bist so peinlich, Papa!«, vermischt sich mit atemlosem Gekichere.

Was ist denn daran so komisch, bitte? Ich werde langsam wütend.

»Das ist nicht der Wohnungsschlüssel, das ist der Schlüssel fürs Postkastl!« Sie krümmt sich vor Lachen.

Oh. Ah. Äh. Ja, stimmt. So eine verdammte ... wie kann man nur so ... ich ärgere mich grün und blau. Mein Kompetenzatlas schrumpft auf die Größe einer Erbse. Gott, bin ich froh, dass ich, seit das Teil hier klebt, noch nie den Selbstbeweis miterleben musste. Ich hätte mich vor meiner Tür oder vorm Postkastl entleibt.

Scheinbar bin ich doch nicht der Merowinger. Ich bin auch nicht der Auserwählte, ich bin einfach nur ... ein Kanarienvogel.

SCHNEEWITTCHEN UND DIE ACHT ZWERGE

Walter Elias Disney hat die Welt verändert. Mich auch. In einen geistlosen Zombie, der seinen letzten Rest Menschenwürde in Paris deponierte.

Der 12. Geburtstag einer Prinzessin gehört natürlich ordentlich gefeiert. Irgendwie hat man das Gefühl, ein evolutionärer Schritt stehe demnächst bevor. Ähnlich dem des Schlammspringers, als er vor 300 Millionen Jahren den Schritt aus dem Wasser aufs unbekannte Land wagte – Kind transformiert zu Mädchen. Ergo dessen wird ein von langer Hand vorbereiteter Überraschungsplan umgesetzt.

Am Morgen ihres 12. gibt's anstatt Torte mit Kerzen und Geschenken die Anweisung: Koffer packen. Wir machen einen Ausflug. Das Wohin und Warum und überhaupt wird nicht beantwortet, lediglich der erste Hinweis zum Flughafen fällt und sorgt unvermittelt für maßlose Aufregung.

Koffer gepackt, Taschen gepackt, Pässe eingesteckt, auf zum Flughafengate. Paris? Ja, wir fahren nach Paris. Was sich in Paris befindet, weiß jede 12-Jährige auf dem gesamten Erdball: Disneyland. Warum ich mir das antue, ist mir heute noch schleierhaft. Alles fürs Kind.

Der 2,5-Stunden-Flug ist ein aufgeregtes Dauergeschnattere, ich halte der Versuchung stand, mir ein paar dieser kleinen Whiskyfläschchen zu bestellen, und denke mir: einmal im Leben. Du schaffst das.

In Paris und im Hotel angekommen, folgt die nächste Attraktion des Wundertütenplans. Ihre beste Freundin ist ebenfalls anwesend! Eine weiß von der anderen nichts, die Freude ist unermesslich, das Geschrei und Umarme auch. Irgendwann ist der Tag dann zu Ende – morgen geht's ins Wunderland.

Disneyland Paris. Der Eintritt kostet ein Vermögen, das Gelände ist gewaltig, irrsinnig, unfassbar, dass so was von Menschenhand erbaut wurde und nicht von Extraterrestrischen. Alles ist knallbunt, überall laufen Walters Figuren in lebensgroß herum, das gesamte Gelände ist beschallt mit – Disneylandmusik. Wie überraschend. Sanfte, orchestrale Ensembles, die nur einen Zweck verfolgen: die Menschen ruhig zu halten. Logistisch einwandfrei durchdacht, aus jeder Butze auf dem 400 Milliarden Hektar großen Gelände dieselbe Musik. Gleichgeschaltet, um die ebenfalls 400 Milliarden Menschen am Amoklauf zu hindern.

Gut mitgedacht, es funktioniert. Als Erwachsener ist man immer knapp vorm Ausrasten, es kommt angesichts der beruhigenden Klänge allerdings nie zum »Falling Down«-Moment.

Der Tag dauert vier Monate, und nachdem wir alles gesehen, befahren, bestaunt haben, was ich im Leben nie erleben wollte, abends endlich die Einkehr in einem waschechten Westernsaloon. Vati genehmigt sich ein Bier zur Beruhigung. Denn ausgerechnet hier versagt die Musikgleichschaltung, und es plärrt unfassbar schlechte Countrymusik aus dem Äther. Nichts gegen Country, ich liebe gute Countrymusik. Rascal Flatts – ein Traum, aber das hier ... zwingt mich, noch ein Budweiser zu bestellen. Und noch eins.

Da das Gebräu irgendwann auch wieder rauswill, trolle ich mich Richtung Entleerungseinrichtung und werde prompt von einer Kellnerin abgefangen und auf die Bretter der Entwürdigung gezerrt. Linedance. Jetzt. Das Personal hat eine Handvoll Menschen verschleppt und aufgestellt, und in einem Zustand vollständiger Lethargie und Selbstaufgabe stehe ich nun dort. Mit Schneewittchen und den sieben Zwergen. Tanze einen Linedance zu einem Schenkelklopfer von Country Song. Hätte mir das jemand vor Jahren erzählt, hätte ich zuerst mich und dann ihn umgebracht. Irgendwie macht das sogar Spaß, denkt sich mein Budweiserschädel, aber der Blick hinauf auf die hölzerne Balustrade mitten ins versteinerte Gesicht einer 12-Jährigen holt mich auf den sägespanbestreuten Holzboden der Tatsachen zurück.

Geschieht das alles wirklich, oder träume ich Alb? Es passiert. Es tut mir so leid. Ich kann nichts dafür, ich kann auch nichts dagegen tun. Ich bin die fleischgewordene Peinlichkeit, willenlos, ein Schlammspringer. Mein Hirn ist ein reizüberfluteter Haufen Matsch. Kind, du brauchst kein Wort zu sagen, ich werde mich mein Leben lang selbst dafür schämen. Vielen Dank, Walter Elias!

MEIN BAC, DEIN BAC

Ein glorreicher Werbespot, der gefühlte 50 Jahre im Fernsehen lief.
Wie das Bawag-Kapitalsparbuch. Tut zwar nichts zur Sache, die
Diskussion ist aber eine ähnliche.

Gehört ein Kinderzimmer zum Grundriss einer Wohnung, oder
doch nicht? Existiert diese Kammer des Schreckens nur in Hog-
warts oder in einem Paralleluniversum, oder ist sie real? Betreten verboten oder Teil des Haushaltes? Will man sie überhaupt
ohne Seuchenschutzanzug betreten, oder tut man sich die Pfle-
ge des Kabäuschens tatsächlich an?

Ich bin ein ordentlicher Mensch, weil ich schlicht und ergreifend zu faul bin, dauernd irgendwelche Dinge zu suchen, nicht zu
wissen wo was ist, Gewand nicht zu finden, ich hasse Unord-
nung. Fräulein Tochter hingegen ist Vorsitzende der europäi-
schen Chaosforschung und lebt nichtlineare Dynamik (ihr
Zimmer) in dynamischen Systemen (meine Wohnung). Es herr-
sche Ordnung in ihrem Chaos, meint sie, und sie habe alles im
Griff. Mit deterministischen Gleichungen habe ich nichts am
Hut, mein mathematisch zu gering geschulter Geist teilt diese
Meinung ergo nicht.

So räume ich stur wie ein Esel jeden verfluchten Morgen ihr
Zimmer auf. Um dann am Abend mit einer gewissen Faszination
zu beobachten, wie der kleine Mensch es binnen weniger Sekunden bewerkstelligt, einen schönen, ordentlichen Raum in einen
Kriegsschauplatz zu verwandeln. Ground Zero.

Würde ich es ihr gleichtun wollen, wäre das selbst mit einem ausgetüftelten Verheerungsplan nicht in dieser Zeit zu schaffen. Die Diskussion ist täglich dieselbe, dito irgendwie fesselnd, diese Ausdauer gleich eines Ironman-Triathleten.

»Das ist MEIN Zimmer, kannst du das bitte in Ruhe lassen?«

»Das ist immer noch MEINE Wohnung, und hier gelten MEINE Regeln.«

»Mach einfach die Tür zu, und lass sie zu, wenn dir der Anblick nicht gefällt.«

Nein, der Anblick gefällt mir nicht. Nie. Es sieht aus, als hätte die NSA den Laden komplett durchsucht, auf der Suche nach Kims Abschusscodes für sein atomares Spielzeug, und dabei jeden Nanomillimeter im Raum umgedreht. Jeden.

Die Diskussion, meine Wohnung, mein Zimmer, mein Chaos, meine Ordnung, dein Problem, könnte ich auch mit einem Hydranten führen. Der hätte mehr Verständnis für meinen seelischen Schmerz.

»Und außerdem ist das urpeinlich, dass du in meinen Sachen wühlst.«

Was bitte soll daran peinlich sein? Sind hier Waffen, Drogen, staatsfeindliche Propagandapapiere versteckt? Rauchwaren aus illegalen Quellen? Wohl kaum. Ihr Tagebuch? Greif ich nicht an, ich staube es nur ab. Und die Mini-BH's Körbchengröße Doppelminus-A, die kenne ich alle schon.

Ah! Ein Bingo. Beim Thema Unterwäsche zieht das pubertierende Fräulein ein wenig Farbe im Gesicht auf. Das ist es also! Es ist ihr peinlich, dass ich die Unterwäsche sehe, anfasse, wegräume, in den Waschvollautomaten stopfe, reinige, aufhänge, zusammenfalte, wieder in den Kasten lege.

»Du kannst dein Zeug auch selber waschen. Sofern du überhaupt in der Lage bist, zu erkennen, was Schmutzwäsche ist und was nicht.«

Selber waschen? Diese Aussage war scheinbar in Mandarin oder Klingonisch. Unverständnis, Entsetzen, Verwunderung und Wut zeigen sich in bunter Synchronizität in dem kleinen Gesicht der entgeisterten bald 15-Jährigen. Die weder weiß, wie eine Waschmaschine, ein Staubsauger, oder ein Geschirrspüler zu handhaben sind, noch jemals auf den Gedanken gekommen wäre, jene Gerätschaften jemals in ihrem Leben bedienen zu wollen. Selbst der Wasserkocher entbehrt nicht einer gewissen Herausforderung.

»Eigentlich peinlich, dass du nicht mal weißt, wie eine Waschmaschine funktioniert.«

Zweites Bingo. Zu meiner Selbstverteidigung rattere ich wie ein Maschinengewehr Haushaltsgeräte raus, die Frau Chaosvorsitzende nicht zu bedienen weiß. Als Dank werde ich kraftvoll und bestimmt aus der NSA-Bude geschoben und mir wird vor der Tür die Nase zugeknallt. Oder umgekehrt. Haha. Erwischt. Wer hier wohl peinlich ist.

WER IST DER KERL?

Der erste Schultag im Gymnasium ist wichtig. Da muss man dabei sein. Selbst wenn man Freddy Krueger heißt. Oder so aussieht.

Ich habe es mir ganz fest vorgenommen. Am Ende des ersten gymnasialen Schultags mein Lieblingskind nach dem Kurzunterricht am Ausgang freudestrahlend in Empfang zu nehmen. Fix.

Erstes Septemberwochenende. Eine Geschäftsreise nach Graz steht an, das Wetter ist schön – Indian Summer –, also plane ich beherzt, das Stahlross zu satteln und in die grüne Mark zu reiten, um eine neue, spannende, heimische Band bei einem Live-Event in der Nähe des Uhrturms zu prüfen. Live und in Farbe. Eine wahrscheinlich »schlechte und völlig unbekannte österreichische Band«, wie einst eine Ö3-Moderatorin pauschal konstatierte, was ihr – Instant Karma – einen baldigen Nervenzusammenbruch eintrug.

Die Wechsel-Bundesstraße ist ein Traum, bei schönem Wetter und guter Sicht gleitet man frei wie der Wind über einen wunderschönen, leicht geschwungenen Highway, umsäumt von saftiger, steirischer Natur. Der Geruch von Freiheit, Abenteuer und Kuhscheiße.

In die Hauptstadt der Steiermark braucht man eigentlich nur 90 Minuten, mit einem 340 Kilo schweren Metallcruiser unter dem Hintern jedoch gepflegte 3 Stunden. Hier hätte sich mein Hirn das erste Mal einschalten können. Rückreisezeit-Kalkulation.

113

Der Fahrtwind und das meditative Grollen der 1800 Kubikzentimeter entleeren das Bewusstsein allerdings vollständig.

Schlossbergbühne Kasematten, Ankunft.

Ich binde meinen Gaul am O. K. Corral an, gebe ihm Hafer und Wasser, und schlendere breitbeinig mit genageltem Bikerschuhwerk in den Venue. In zwei Stunden bin ich hier wieder weg, dann ins Hotel, morgen früh raus, Wien, heim, Auto holen, Ursulinengymnasium, Kind. So der Plan.

Man glaubt gar nicht, wen man alles kennt in Graz. Ich treffe viele, viele alte Bekannte; Menschen, die ich schon seit Jahrhunderten nicht mehr gesehen habe. Puntigamer! Ein Grüppchen formiert sich einem Maturatreffen gleich, Tratsch, Spaß, alte Geschichten, Leute ausrichten, vor allem die armen Musikanten auf der Bühne, die ihr Letztes geben. Buchstäblich. Leider.

Das Puntigamer weicht der Peterquelle, ich bin zwar kein Kind von Traurigkeit – der Teufel sei mein Zeuge –, aber auf zwei Rädern geritten wird ausnahmslos nur fit.

Aus den geplanten zwei Stunden werden fünf, das Hotel ist genau drei Minuten entfernt, das hätte ich auch zu Fuß schaffen können. Vielleicht vorher einchecken. Herr, lass Hirn regnen. Gute Nacht.

Ich erwache. Scheinbar vor dem Wecker. Frisch, saftig, steirisch. Ein Blick aufs Handy: Viertel vor zehn. WAS, WIESO? Warum läutete der smarte Krempel nicht? Ah, auf lautlos geschaltet. Es rattert im Gebälk: erster Schultag Gymnasium, maximal bis 12 Uhr Schule, Wien, jetzt, losfahren. Du schaffst das.

Katzenwäsche, rein in die Kluft, Rucksack, ein Espresso im Raushetzen. Rauf auf den Zossen der Gebrüder Davidson, und jetzt Gas.

Als cooler Biker folgt man natürlich seiner ureigenen Styling-Bibel. Ein Vollvisierhelm ist verpönt, uncool. Halbschale, Vintage-Brille, Sonne und Wind ins Gesicht, bitte.

Jeder Autofahrer weiß, wie die Windschutzscheibe nach einer Stunde Autobahnfahrt aussieht. Voll zermanschter Fluginsekten in allen blutenden Farben, mit etwas Pech noch ein kleines Steinschlägchen für ein Fadenkreuz im Verbundglas. Und jetzt stelle man sich vor, wie sich all der Dreck im Gesicht eines coolen Bikers in Halbschale wiederfindet, der wie ein Berserker Richtung Wien braust. Pfeif aufs Naturerlebnis, Autobahn. Ein Blitzer, zweiter Blitzer. Vielen Dank, 100 Euro durch den Auspuff gejagt.

Ich komme an. Rechtzeitig. Bin unfassbar stolz auf mich. Lehne mein Gerät lässig vor den Eingang, ziehe mir Halbschale und Vintageglasses vom Kopf. Keine Minute zu spät, die Erstklassler strömen heraus.

Ich erblicke mein kleines Goldlöckchen und winke.

In den nächsten zwei Sekunden lese ich eine vielschichtige, emotionale Bandbreite in ihrem Gesichtsbuch. Wer ist das? Oh, mein Vati. Wie schaut denn der aus? Nein, bitte nicht. Meine Freundinnen. Bitte nicht so vor meiner neuen Klasse. Bitte.

Sie kommt auf mich zu und zischt mir ins Ohr:

»Weißt du eigentlich, wie du aussiehst, das ist urpeinlich. Schau mal in den Spiegel.«

Dann: Nasengerümpfe und Weggetrotte mit ihrer kleinen Herde Richtung Busstation.

Okay. Grübel, grübel und studier. Ich gehe zurück in die Schule, suche ein WC und mein Spiegelbild ... Oh. Eine Fratze des Grauens. Ich sehe aus wie eine Mischung aus Waschbär und Freddy Krueger. Rund um die Augen prangt der weiße Brillenrand, der Rest des Antlitzes ein entstellender Trümmerhaufen aus Insektenleichen, Straßendreck und Blut von kleinen Steinschlägen. Nicht der Ansatz einer Frisur. Schön ist das nicht, okay, aber peinlich? Nein. Vollvisierhelme sind peinlich. So was kommt mir im Leben nicht ins Haus.

DIE OSTERHAUBE

Die Kärntner sind ein lustiges Völkchen. Zu Ostern zünden sie ihren Garten an und sprengen sich selbst plus manch andere Dinge in die Luft.

Ostern! Auf nach Kärnten zu einem traditionellen Osterfeuer, organisiert vom Highway Captain unseres Harley Chapters. Ja, man lese und staune, Vati ist Teil einer urgefährlichen Motorrad-Gang. Reserve-Rocker, die zwar Spinnen behutsam aus dem Haus tragen, um ihnen nicht ein Beinchen zu verletzen, aber in ihrer Freizeit einen auf »Wild Hogs« machen.

Kind und Kegel werden eingepackt, dem Gepäck nach zu urteilen, wandern wir alle nach Neuseeland aus und fahren nicht nur für zwei Nächte nach Kärnten, aber was soll's. Young Lady muss auf alle Eventualitäten vorbereitet sein.

Die Vorfreude ist groß. Meine, wohlgemerkt. Ansonsten ist's in Kärnten eigentlich »immer langweilig« und vor allem »urkalt«. Und mit fremden Kindern fängt eine 11-Jährige sowieso nichts an. Denn die kennt sie ja nicht. Und wenn man jemanden nicht kennt, ist er im Vorfeld schon mal grundsätzlich doof. Die Erwachsenen betrinken sich nur, dann wird was angezündet, dann ist's urplötzlich urheiß, dann wird geschossen, das ist urlaut und tut nur in den Ohren weh. Antizipation künftiger Ereignisse gepaart mit phlegmatischer Antipathie. Schöne Kombi.

Die Unterkunft in Unterkärnten ist passabel, die Location des Freudenfeuers in Fußmarschnähe, wir packen sicherheitshalber ihre warme Wollmütze und den Schal ein und schlendern gemeinsam zum Tatort.

Haus. Garten. Wiese. Osterhaufen, 20 Gäste, Bierbänke, Biertische samt Überdachung, falls Wettergott Thor einen griesgrämigen Tag haben sollte. Grillwurst, Grillfleisch und Getränke in einem Ausmaß, die jede Freiwillige Feuerwehrwache in erstauntes Entzücken versetzen würde.

Kraft der letzten Novelle der Brauchtumsfeuer-Verordnung ist das in Brand Setzen eines Osterhaufens oder gar das Abfeuern von Feuerwerkskörpern und Böllern der Gefahrenklasse 3 bei Strafe verboten. (Die Brandbeschleuniger verschweigen wir an dieser Stelle, auf die droht wahrscheinlich der elektrische Stuhl.)

Das Gute an Kärnten ist, dass sowohl Täter als auch Exekutive bzw. Feuerwehrhäuptlinge um dieselbe Uhrzeit ungefähr denselben Alkoholgehalt im Blut verzeichnen und in ihrer Wahrnehmung extrem eingeschränkt sind. Ergo wird schlicht und ergreifend darauf gepfiffen.

Die Osterparty ist in vollem Gange, »Pryde« von U2 wird aus vollen Kehlen mitgesungen, die Stimmung steigt, die anderen Kinder sind zum Glück doch nicht ganz so doof, und mit zunehmender Dunkelheit wächst mein krankhaftes Verlangen, Feuer zu legen und sich an dessen Anblick zu weiden.

Der Brandbeschleuniger wird großzügig verteilt, ein einziges Licht-ins-Dunkel-Streichholz reicht aus, um mit einer gewaltigen Stichflamme das Feuer an dem Berg von Gestrüpp zu entfachen. Thor schweigt, der Nordmann hat Angst.

Im Nichtbesitz meiner geistigen und körperlichen Fähigkeiten entfacht sich auch der Geistesblitz des Abends.

Ich schnappe mir einen Knallkörper der Gefahrenklasse 3 und werfe ihn unter lautem »Traust dich nie!!«-Gejohle in den Haufen.

21 – 22 – 23 – BUMM!

Der brennende Haufen bäumt sich in einer 10 Meter hohen Explosion auf, eine Fontäne aus Feuer, Funken und brennendem Gezweig schießt Richtung Himmel.

Große Augen, kurzes andächtiges Schweigen. Lauschen: irgendwo Sirenen zu hören? Feuerwehr? Polizei? Elektrischer Stuhl? Gottseidank – Stille.

Eine 1,44 Meter große Exekutivbeamtin baut sich vor mir auf und gibt mir lautstark zu verstehen, dass ihr trotz dicker Wollhaube auf den Ohren selbige wehtun, und überhaupt brumme ihr der Schädel, und was diese urpeinliche Aktion denn eigentlich schon wieder solle, mit mir könne man nirgendwo hingehen. Bla. So in etwa das grobe Resümee.

Dann passiert etwas ganz Wunderbares.

Ein schützender Erzengel in Gestalt des 1,90 Meter mächtigen Highway Captains (so heißt der Leader einer Biker-Gang) erscheint auf der Bildfläche, reißt meinem militanten Töchterlein die Haube vom Kopf, reibt einen Böller an, steckt ihn ins Mützchen und wirft den Wollotov-Cocktail Richtung Grünfläche.

21 – 22 – 23 – BUMM!

Das Schurwollhauberl geht in einem göttlichen Blitz aus Feuer und Donner auf. Atomisiert. Weg. Bei Thor in Walhalla.

Wenn Fassungslosigkeit ein Gesicht hat, dann jetzt – genau dieses. Kindi starrt mich und meinen Erzengel abwechselnd an, langsam, bedächtig, den Mund leicht geöffnet, mit Augen von der Größe eines Tiefseekalmars und schluckt und würgt mit leicht gebrochener Stimme hervor:

»Ihr seids so peinlich. Und außerdem war das meine Lieblingshaube!« Wütender Abgang. Unsere Betroffenheit überdauert keine Sekunde und weiter geht die Feier.

Aber eines muss ich schon sagen, ihre präkognitive Wahrneh-mung zum Zeitpunkt der Abfahrt? Ziemlich beeindruckend. Die-se Fähigkeiten kennt man nur von wenigen Spinnenarten. Erzählkreis geschlossen.

SUMMEN VERBOTEN

Die hohe Kunst, unbewusste Vorgänge im Körper zu unterdrücken, oder wie man sich bei Mensch und Tier gleichermaßen lächerlich macht. Ein kleiner Ratgeber.

Was für ein schöner Tag. Nicht zu heiß, nicht zu kalt, unter der Woche auch noch, die Menschenmassen halten sich in Grenzen – auf in den Tiergarten! Sehr zum Widerwillen meines pubertierenden Teenagers, der eigentlich NICHTS mehr cool findet. Gar nichts. Außer vielleicht eine Handvoll Vlogger auf Youtube, die meines Erachtens wiederum geistig unbewaffnete und verbal inkompetente Nebenexistenzen darstellen. Kognitiv suboptimiert, quasi. Generationskonflikt 2.0. Allein die Vorstellung, dass diese »Subjekte« den Kindern das Leben rauben, indem sie sie zu Voyeuren ihrer künstlichen Welten machen, bereitet mir Kopfschmerzen.

Ich starre in ein angewidertes Antlitz und versuche, mit meinem Gesichtsausdruck so etwas wie Freude zu senden, so etwas wie: Das wird super, wir waren schon lange nicht mehr hier. Der Empfänger sendet so etwas wie »Zu Recht waren wir lange nicht mehr hier zurück«. Volle Ablehnung und Verachtung für mein blödes Gegrinse.

Anziehen, raus hier, U-Bahn, Eintritt, Jahreskarte? Klar. Wir kommen sicher noch öfter her. Was ich schon Jahreskarten angesammelt habe und nur einmal im Jahr dort war! Vielleicht heißt's deswegen Jahreskarte.

Unbeirrt trotte ich voran, Richtung Elefantengehege, ein prüfender Blick zur Seite – keiner da. Ich drehe mich nach rechts, ich drehe mich nach links, und sehe in einiger Entfernung meinen Kampf-Teenager mit bösem Blick unter dem Sonnenschirm einer Eisdiele stehen. Nein, nicht stehen. Sie hat sich auf dem Boden festgeSCHRAUBT.

Ich eile, um die Befindlichkeit der werten Prinzessin zu erfragen, und werde vor die Tatsache gestellt, dass ich beim Gehen manchmal leise vor mich hinsumme.

»Das ist urpeinlich! Mit dir kann man wirklich nirgendwo hingehen!«

Ein Nachdenkprozess wird in Gang gesetzt. Ja, wenn leises Summen tatsächlich urpeinlich sein sollte, dann zeige ich dir jetzt mal, was RICHTIG urpeinlich ist. Dann summe ich nämlich nicht mehr »Nothing Else Matters« von Metallica, sondern pfeife »Sierra Madre« von den Zillertaler Schürzenjägern! Nachdenkprozess Ende.

Ich verberge mein schelmisches Grinsen und gelobe offiziell selbstverständlich ewige Besserung. Mein perfider Plan jedoch beginnt gleichzeitig zu wirken, und ich beginne in gemäßigter Lautstärke ein Liedlein zu pfeifen. Zuerst leise, dann immer lauter.

Aus den Augenwinkeln sehe ich ein kleines Gesicht, aus dem schwarzer Rauch aufsteigt, ich sehe Augen, die Feuer sprühen und lege mir demonstrativ die Hand auf den Mund. Ups. Habe ich etwa gepfiffen? Tut mir wahnsinnig leid. Ich mach das natürlich nicht absichtlich, es passiert einfach so.

Nach einer kurzen Entspannungsphase hole ich beim vierten Gehege zum ultimativen Endschlag aus und beginne den Song, der kurz zuvor noch aus einer Imbissbude rausgeschallert wurde, auch noch nicht ganz unlaut zu trällern. Konnex hergestellt.

Das Geträllere wird lauter, mal sehen, wo die Schmerzgrenze tatsächlich ist. Meine Augenwinkel beobachten einen fleischgewordenen Dampfhammer mit der Aura eines Atomkraftwerks. Der Dampfhammer wird langsamer und langsamer, bis er endlich zum Erliegen kommt und tief Luft holt.

Ups. Hand klatscht gegen Mund. »Schon wieder? Das tut mir aber leid, ich mach das anscheinend unbewusst und kann gar nichts dafür ... die Imbissbude ist schuld!«

Der Teufel auf meiner rechten Schulter lacht sich kaputt, und das Engelchen links knallt mir eine. Vielleicht sollte ich den Bogen nicht überspannen, wobei ... der Gedanke, mit einer lautstarken Flatulenz den atomaren Dampfhammer zur Explosion zu bringen, einen Hauch von Reiz erzeugt.

»Papa. Was kommt als Nächstes? Vielleicht fur... du auch noch in der Öffentlichkeit?«

Oje. Teufelchen ist ertappt. Engelchen jubiliert und ermahnt mich zu ordentlichem Benehmen. Na gut. Ich gebe mich geschlagen. Aber für unbewusstes Summen kann ich tatsächlich nichts, und »Nothing Else Matters« ist nun mal einer meiner Alltime-favourite-hot-100-Lieblingssongs.

NACKTE TATSACHEN

Warum sich Erling Persson im Grab umdreht, und wieso man niemals nach dem Erscheinen einer neuen Justin-Bieber-Kollektion das Haus verlassen sollte.

Mit einem Heranwachsenden geht man irgendwie permanent Fetzen kaufen. Dauernd ist etwas zu klein geworden, oder so eingedreckt, dass man damit nur noch sein Motorrad putzen kann. Oder, oder, oder. Es gibt immer (k)einen Grund. Mr. Persson hat in den 50er Jahren in Schweden eine Modekette gegründet, deren knallrote zwei Buchstaben einem heutzutage in jeder Stadt gefühlt alle 500 Meter entgegenleuchten. Ein Festmahl für eine 14-Jährige.

Mit dem durchaus perfiden, aber intelligenten Trick, einen Taschenrechner besorgen zu gehen, werde ich in das größte Einkaufszentrum der Stadt verschleppt. Mit der S-Bahn ist man relativ schnell dort, und ich brauche auch was. Denke ich mir. Ich weiß zwar nicht, was, aber als Ausrede mir gegenüber ist es brauchbar.

Donnerstagabend. Das Shopping Center hat bis 21 Uhr offen, das weiß natürlich kein Mensch und dementsprechend leer sind auch die U-Bahn und die S-Bahn, und überhaupt sieht man kaum Leute irgendwo. Anführungszeichen oben und unten. Leichte Panik schiebt sich aus der Magengegend Richtung Angstzentrum im Gehirn.

Nach circa 5000 Konzertbesuchen in den letzten 20 Jahren

Angst vor Menschenmassen? Ja. Ich brauche psychiatrischen Beistand, bitte.

Im Paradies der sinnlosen Geldvergeudung angekommen – von Taschenrechnerkauf natürlich keine Spur –, führt uns der Weg schnurstracks zu Erlings Laden. Mein Orientierungssinn gleicht dem einer Hummel, also renne ich dem Töchterlein einfach hinterher, rein ins Geschäft.

»Die neue Justin-Bieber-Kollektion ist da!!«

Ein aufgeregter, kleiner und vor Freude strahlender Teen hetzt durch die Reihen.

Wer kauft sich bitte freiwillig Jacke/Hose, wo Justin Bieber ... na ja, egal, nicht nachdenken. Das bedruckte Zeug mit dem Logo vom Lord Voldemort der Popmusik drauf kostet nämlich ein Vermögen.

Diskussionen, Streit, Pro und Contra, ich bin contra, Töchterlein pro. Welten kleschen aufeinander. Ich ziehe mir nicht mal ein Shirt mit einem Krokodillogo darauf an, und du willst dich mit Voldemort branden?

Merke: Vati zieht immer den Kürzeren und lässt sich eine Jogginghose um 400 Milliarden Euro einreden.

Jetzt will ich aber auch was.

Jö, Jogg-Pants, ich liebe Jogg-Pants! Auch wenn meine kleine Styling-Beraterin meint, dass die außer mir niemand mehr tragen würde. Aber warum hängen sie dann da?

Eine schwarzgraue erweckt mein Interesse, das gute Stück kostet die Hälfte vom Justin-Fummel. Ein Schnappi. Wo sind die Umkleidekabinen? Aja. Immer dort, wo die meisten Leute anstehen. Noch mehr als an der Kasse. Wir kommen hier nie wieder weg. Wo ist mein Psychiater, bitte?

Aggressive Verzweiflung baut sich in mir auf.

Pfeif doch der Hund drauf. Ich schlüpfe aus den Schuhen und reiße mir mit Todesverachtung mein Beinkleid runter. Hier und jetzt wird anprobiert! Meine Raserei fällt etwas heftig aus, ich reiße mir die Boxershorts bis zur Hälfte Arsch auch gleich mit runter. Sieht mich jemand? Ein prüfender 360-Grad-Blick.

Die Zeit bleibt für einen kleinen Moment stehen. Die Ladenbeschallung verstummt vor meinem geistigen Ohr. Bei sieben Augenpaaren, die auf meinen halb nackten Podex starren, höre ich zu zählen auf. Mein Gesicht wird schlagartig extrem gut durchblutet. Ich fühle mich wie ein Leuchtturm, unten weiß und oben rot.

Dumpf beginnt die Fahrstuhlmusik wieder zu mir durchzudringen. Mit einem Ruck ziehe ich mir Buxe und Hose hoch und verschanze mich hinter einem Kleiderständer aus wattierten, dicken Winterjacken. Wann geht hier eigentlich das Licht aus? Wie lang hat die Bude offen? Wie lang kann ich im Jackenwald ohne Essen und Trinken überleben?

Ein kleines Gesicht lugt um die Ecke und sieht mich strafend und fragend und mit großen Augen und zusammengekniffenen Lippen an. Mit einer unfassbar teuren und unfassbar abstoßenden JB-Hose am Arm.

»Du weißt aber schon, dass es hier Umkleidekabinen gibt? Ist dir das nicht ...«

Sag das Wort nicht, bitte! Bitte, bitte, lass mir meinen kümmerlichen Rest von Würde. Ich will es nicht hören, ich habe es schon so oft gehört. Ich kann nimmer, es reicht, ich werde mein Leben lang nicht mehr das Haus verlassen. Nur noch Online-Shopping und meine Couch. Decke über den Kopf und Licht aus.

Please beam me up, Scotty. Enterprise, Ende.

FLYING DACHS

So ein Kletterpark ist ein sehr aufregendes Erlebnis. Für Jung und Alt. Außer man raucht zu viel und hat einen Körperfettanteil von 29 %. Dann wird's eng.

Die Hochsteiermark hat's mir irgendwann angetan. Man ist relativ schnell raus aus der großen Stadt und in etwa einer Stunde dort. Optimal für einen Tagesausflug. Was steht auf dem Programm? Mönichkirchen, der größte Kletterpark in den Wiener Alpen! Sagt die Homepage. Mir war allerdings neu, dass es so etwas wie Wiener Alpen überhaupt gibt.

Die Volksschule ist vorbei, eine 10-Jährige gehört beschäftigt und mit Erlebnisausflügen zugepflastert, damit sie später beim Einchecken in der gymnasialen Privatschule ein paar Geschichten auf Lager hat. Kind muss doch nach den Ferien was berichten können, und nicht nur dass sie 123 Staffeln der Serie »Ich habe mein Leben leider verdrängt« gesehen hat. Auf dem Notebook. Wo sonst. Fernsehen ist mittlerweile irgendwie uncool.

Rein ins Auto und frohen Mutes Richtung Kletterwald! Die Marschverpflegung, bei der ersten Raste eingekauft, sieht schwer nach Versorgung eines Regimentsbataillons aus, aber Kind braucht eben Auswahl. Nicht zuletzt, um die Autositze so effektiv wie möglich und nachhaltig einzusauen.

Ankunft! Wir werden eingeschult, eingeführt, gebrieft, jeder bekommt sein Klettergeschirr umgeschnallt, einen Helm und Handschuhe – safety first, und rauf da.

Flying Fox. Das sind diese Dinger hoch in den Bäumen; mit der Baumleiter klettert man auf die Abschwungplattform, hakt sich ein und fliegt mittels Spannseilrutsche zur nächsten Baumlandezone. Ich entscheide mich selbstredend für den schwarzen Parcours, Kingswing, in 15 Meter Höhe. Wer Bon Jovi im Gatsch des Wiener Neustädter Flugfeldes überlebt hat, kann alles. Meine Selbstüberschätzung ist nahezu grenzenlos.

Die Leiter raufzukraxeln bereitet mir ziemliche Atemnot. Bei der letzten Gesundenuntersuchung meinte der Arzt: mehr Sport und weniger rauchen. Ich hab's vertauscht. Schwitzend und keuchend stehe ich auf der Plattform, während meine Tochter leichtfüßig und unerschrocken bereits oben auf mich wartet.

»Komm, das ist super, da geht's jetzt rüber!«

Ich muss zugeben, die Distanz zum nächsten Baum ist erschreckend groß. Nachdem wieder regelmäßig Sauerstoff in meine Lungen fließt, erwidere ich trocken: »Klar, ganz easy, keine Angst, ich zeig's dir vor.«

Ich klinke mich ein, mit einem lächerlich türkisen Helm auf dem Schädel und Gummihandschuhen, bei denen sich mir noch nicht erschlossen hat, wozu ich sie brauche. Safety first.

Abstoß. Ich nehme Fahrt auf, Seilrutsche, wow, cool! Tempo, Tempo! Das Seil scheint mir in seiner Spannung allerdings etwas locker, es beginnt auch rasch durchzuhängen, und mein Geschwindigkeitsrausch findet ungefähr in der Mitte des fliegenden Fuchses sein abruptes Ende.

Noch ein kurzes Vor- und Zurückpendeln, Wiederholung, fertig. Stillstand. Da hänge ich nun, ich armer Thor (hehe), und bin nicht klüger als zuvor.

Blitzanalyse: Was läuft hier falsch? Bin ich zu fett? Habe ich mich zu wenig kraftvoll abgestoßen? Ist dieses Seil für Anorexie-

Patienten gespannt? Hänge ich tatsächlich gerade wie ein fettgefressener Dachs kurz vorm Winterschlaf inmitten einer Seilrutsche fest? Ich beginne mich für meinen Helm zu schämen. Auf der Baumplattform vor mir erfrechen sich ein paar Menschen, mich neugierig und belustigt zu beobachten. Auf der Startrampe hinter mir erfrecht sich ein breit grinsendes Kind, mit den Achseln zu zucken und belustigt zu winken.

Sekunden werden zu Stunden, Stunden zu Tagen.

Ah, die Handschuhe! Ich versuche das Seil über mir zu fassen, vielleicht kann ich mich damit weiterhanteln. Leider: Arme zu kurz. Ich bin also zu klein UND zu fett. Heilige Mutter Gottes, lass diese Schmach bald an mir vorübergehen.

Eine Trillerpfeife reißt mich aus meiner andächtigen Selbstaufgabe. Von unten winkt ein Mitarbeiter des Kletterparks mit einem Seil in der Hand und schreit mir in einer Lautstärke zu, dass es der ganze Wald und auch gleich die ganze Hochsteiermark hören, dass er jetzt vorhabe, mir das Ding raufzuwerfen, um mich rüberzuziehen. Er wirft, ich greife mir den Strick der Scham, und der nette Mann – mit einem ebenfalls peinlich türkisen Schutzhelm auf – zieht mich wie einen Sack langsam rüber.

Ankunft. Schamgefühl. Atemnot. Ich würge ihm ein Danke nach unten, und vier Sekunden später landet mein Spross souverän neben mir im Baumwipfel. Furchtlos gerutscht.

»Das war jetzt aber schon ein wenig peinlich, oder?«

Ich reagiere sicherheitshalber nicht, obwohl mir viel auf der Zunge liegen würde, ach, halt doch du die *** ich *** so eine *** und bitte hör mit dem Gegrinse auf!

Zum Glück gibt's hier auch einen rosa Parcours, für Anfänger. Rosa und türkis. Mir ist zum Heulen. Ernährungsumstellung: ab sofort.

STIRB LANGSAM

Wer mit einem Kind Filme für Erwachsene schaut, muss sich nicht wundern, wenn die dort erlernten Methoden ins echte Leben Einzug halten.

Manchmal denkt Man(n) sich einfach nicht sonderlich viel. Im Grunde genommen genau gar nichts. Wenn an einem verregneten Samstagabend ein oldie-bekannter Kabelsender die komplette Wirkstoffreihe von »Stirb langsam« wiederholt, schaut man einfach zu. Alle drei Teile am Stück.

Bruce Willis!

Der übrigens in Deutschland geboren wurde und ganz stinknormal Walter heißt. Aber Walter Willis kommt nicht so gut, wenn man in Hollywood Karriere machen will. Ein Mann wie eine Parmesanreibe, hart, zielführend, schonungslos, ergebnisorientiert, unkaputtbar. Also glotzen, gemeinsam mit dem Prinzesschen, das vielleicht nicht versteht, was hier vor sich geht, aber trotzdem gebannt der Käsereibe beim Zerkleinern von lichtscheuem Gesindel zusieht. Warum erzähle ich das eigentlich?

Cut. Ortswechsel.

Letzter Volksschultag. Schauplatz: Verabschiedungsareal vor der Schule. Groß ist die Freude, dass die vier Jahre unvorstellbarer Knechtschaft und elendigen Martyriums endlich überstanden sind. Auf dem Platz vor der Schule herrscht aufgeregtes Treiben. Erziehungsberechtigte stehen mehr oder weniger unbeteiligt in der Gegend herum, hunderte Kinder sausen kreuz und quer von einem zum andern. Verhasste Schulkollegen sieht man hoffentlich nie wieder, verhasstes Lehrpersonal hoffentlich auch nicht; zu den wenigen Menschen, die sich anständig verhalten haben – im Ermessen einer 10-Jährigen –, wird man Kontakt halten.

Handy mit zehn? Klar. Jeder hat eins, die ganze Klasse hat eins, die ganze Schule hat eins, auf dem gesamten Kontinent sind 10-Jährige mit Handys ausgerüstet. Ergo werden jetzt noch schnell Nummern ausgetauscht, Gespräche geführt, sich umarmt, ein wenig geweint, Treffen vereinbart. Kindliches Stimmengewirr und Aufregung liegen in der Luft, ich bin schon längst ausgestiegen, mein Geist hat meinen Körper verlassen und liegt irgendwo in absoluter Ruhe an einem menschenleeren Strand in der Sonne.

Die außerkörperliche Erfahrung endet, als mein Sprössling an mir zupft.

»Du, Papa, ich hab dir doch von dem einen Typen erzählt, der mir jetzt vier Jahre lang nur auf die Nerven gegangen ist. Darf ich dem jetzt bitte eine reinhauen?«

Ich bin wieder voll da. Und staune. Und denke nach. Was soll ich denn jetzt sagen? Einerseits freut es mich, dass mein Töchterlein eine unerschrockene junge Dame ist, die Cojones beweisen will. Aber andererseits ... dem kann man doch nicht zustimmen?

»Ja, aber ...«

Ohne eine Antwort abzuwarten, fegt der kleine Bruce los, baut sich vor dem Objekt ihres Zorns auf und knattert auf ihn ein. Eine Schimpftirade ganz im Jargon von »Stirb Langsam 2«. Ein Gesicht wie Walter beim Zermanschen von staatsfeindlichen Kommunisten. Dann hebt sie ihr Bein, holt aus und rammt dem Delinquenten das Knie in ebenjene Cojones.

Kurze Stille.

Mit einem sehr befriedigten Gesichtsausdruck blickt sie zu mir herüber. Ich staune noch mehr. Ich spüre so etwas wie peinliche Betroffenheit in der Luft hängen. Augenpaare starren auf mein Kind, auf mich, und wieder retour. Der Übeltäter krümmt sich vor Schmerzen und versucht einen auf tapferer Indianer zu machen. Ich bin überfordert, grundsätzlich, mit allem Gegenwärtigen. Und die strafenden Blicke der Elternteile spüre ich auch ungern auf meiner Haut. Wie Nagelstiche. Nine-Inch-Nails-Stiche.

»Das war jetzt aber schon peinlich.«

Zischt irgendwo eine Stimme aus dem Hintergrund. Ich sehe nicht hin, ich höre nicht zu und schwanke im Gefühlschaos.

Einerseits: Yeah, mein Kind! Um jemanden so zu beschimpfen, bräuchte ich glatt ein Wörterbuch. Und es dann noch so durchzuziehen, jawoll. Gut gemacht. Lass dir nichts gefallen, Prinzessin, zeig's ihnen allen!

Andererseits: Um Himmels willen, das kann man doch nicht machen, vor allen Leuten! Wieso hab ich mit ihr einen Actionfilm-Marathon angeschaut? Was lernt die eigentlich von mir? Ist das jetzt gut oder schlecht? Ich entscheide mich schlussendlich für den Stolz. »Don't mess with my daughter!« war die Botschaft an die Welt.

»*War das jetzt peinlich, Papa?*«

»Ach, passt schon, etwas überraschend, aber ... äh ... bitte komm nie auf die Idee, jemandem ins Gesicht zu schlagen, okay? Nie Spuren hinterlassen.«

Das Kind grinst und geht ab, weitere Nummern austauschen und Freundinnen umarmen. Was rede ich da bitte? Nie Spuren hinterlassen? Wer bin ich denn? Was für ein Vater sagt so was?

Ich werde in der Hölle schmoren, zu ewiger Verdammnis verurteilt. Hoffentlich treffe ich dort Bruce Willis, weil der auch nicht alles richtig gemacht hat im Leben. Who knows.

BODENLOSE FRECHHEIT

Ostern muss man nicht unbedingt in unseren Breiten verbringen. Zumal der Winter oft erst im März oder April zuschlägt. Da ist es in Ägypten viel lustiger.

Ägypten. Das Land der Pharaonen und Pyramiden. Mehr Einwohner als der deutsche Sprachraum. Kairo – die größte Metropole Afrikas. Das Land, in dem Moses vom Sinai runter die Zehn Gebote betete. Der brennende Dornbusch, um den das Katharinenkloster erbaut wurde (ja, er brennt heute noch, ich war dort), eine Hochkultur, die weit bis 4000 vor Christus zurückgeht, Euphrat und Tigris, Mesopotamien, das Tal der Könige, der Nil. Ach. Schwärm. Seufz.

Wir werfen uns also in den Flieger, um Ostern dieses Jahr nicht in der matschdurchtränkten Stadt zu verbringen, die nicht weiß, ob noch Winter ist oder schon Aprilregen, Hauptsache kalt, grau, grauslich. Auf nach Sharm El Sheik, direkt an den Ausläufern des Golf von Akaba. Zum untersten Zipfel der Halbinsel Sinai, die de facto gar keine ist, wäre da nicht der Suez-Kanal.

Der Pilot, streng gläubig, verkündet via Bordfunk eine kleine Verspätung, statt vier Stunden werden es viereinhalb, weil er nämlich nicht über »den Berg« fliegen will und kann. Verständlich. Wo Moses einst vorgetragen hat, darf eine schnöde Boeing nicht passieren.

Landung, 40 Grad, Bus, Transport, Resort, alles pipifein. Sharm El Sheik ist eigentlich eine wunderbare Stadt, mit schöner

Altstadt und wundervoller Kulisse, hin und wieder sprengt sich halt ein fanatisches Mitglied der IS-Miliz mitten im Zentrum weg, um medial ein wenig Aufmerksamkeit zu erregen. Das macht die Urlaubsreisen in diese Gegend ziemlich günstig.

Deshalb: Resort. Streng bewacht. Keine Sprengstoffgürtel.

Der Urlaub verläuft ruhig und friedlich, ich komme zu meinen Tauchgängen, die Unterwasserwelt im Roten Meer gleicht einer Gemüsesuppe aus buntem Getier, man kommt mit dem Schauen nicht nach, sondern sitzt einfach nur gedankenverloren am Meeresboden und staunt.

Aber eigentlich geht's ja um Ostern.

Natürlich hat das Resort eine wunderbare Osterfeier vorbereitet, speziell für die Kinder. An besagtem Wochenende, am Ostersonntag also, trillern nachmittags plötzlich Pfeifen und es wird zur Nestsuche gerufen. Im schön angelegten Garten mit Wiese, Sträuchern und Palmen, ein wenig absurd mitten in der Wüste, aber schön. Die Animateure haben sich geschminkt, sich schicke Hasenohren in die Frisur gesteckt (ich hasse Cluburlaub ... aber mei, alles für das Kind) und klatschen zum Eiersuchen ein; auch Erwachsene sind herzlich willkommen.

Vati hat sich schon ein wenig mit Bier an der Poolbar gelabt, macht aber fleißig mit. Jeder bekommt einen Korb in die Hand gedrückt und auf geht's.

Suchen!

Eine seltsame Art von Siegeswillen überfällt mein etwas erweichtes Gehirn, dabei waren es nur zwei Hopfenkaltschalen. Oder drei? Auf jeden Fall werde ich denen mal zeigen, wie man sucht und findet.

Mit der Energie eines Paavo Nurmi fege ich durch die Natur und werde fündig. Laufend. Dauernd! Ich finde überhaupt alles!

Die Pennäler finden nicht mal die Hand vor Augen vor lauter Aufregung. So geht alles in mein Körbchen!

Dass dieses irgendwie nie schwerer oder voller wird, entgeht mir in meinem Übereifer. Auch das dezent aufkommende Gelächter wird in meinem auditiven Kortex unbewertet abgespeichert. Das Gejohle hinter mir nimmt allerdings an Lautstärke zu, der Neokortex wird aktiviert.

Was passiert da eigentlich? Wieso hat der Zwergenauflauf hinter mir so einen Riesenspaß?

Ich stoppe meinen Aufspürwahnsinn kurz, drehe mich um und sehe eine Spur an Eiern, Näschereien und sonstigem Graffel hinter mir auf der Wiese liegen. Ich blicke in meinen Korb – leer. Ich blicke tiefer in meinen Korb und sehe das Gras. Der Korb hat keinen Boden?! Er fehlt einfach, ist irgendwo am Weg rausgebrochen, oder man hat mir auf hinterlistige Weise einen bodenlosen in die Hand gedrückt.

Frechheit!

Hab ich doch tatsächlich Hänsel und Gretel gleich eine Brotkrumenspur aus Osterzeugs kreuz und quer auf dem Gelände hinterlassen.

100 Milliarden Nervenzellen melden sich schlagartig zu Wort. Der Hopfen wird in einer Sekunde aus dem System geschwitzt, und ich frage mich, wie ich jetzt ganz schnell auf eine Palme raufkomme. Blitzartig, bitte. Ich bin einfach nicht da. Ich war auch nie da. Ich bin gar nicht in Sharm El Sheikh, ich sitze daheim im Halbwintergatsch.

Zu allem Überfluss kommt auch noch mein grinsendes Kind angewackelt, zeigt auf den Korb und krümmt sich vor Lachen.

»Ja, bitte, spar dir jetzt jeden Kommentar. Dass das alles vielleicht irgendwie komisch rüberkommt, weiß ich selber auch.«

Glücklicherweise kommt sie aus der Lachnummer ohnehin nimmer raus, und ich schleiche mich dezent von dieser Bühne des Absurden. Vorhang, Abgang. Zurück zur Poolbar. Akhar bayra, shukraan. Eins geht aber noch.

O FICHTENBAUM

Einen Weihnachtsbaum gemeinsam zu besorgen, macht doch Spaß. Wenn aber die Transportlogistik aussetzt, wird's interessant.

Weihnachten. Die Zeit der Liebe, der Freude, der inneren Einkehr, der Ruhe, der Besinnung. Die Zeit, in der alle Menschen friedlich aufeinander zugehen, sich auf der Straße umarmen und sich ewiges Glück, Liebe und Reichtum wünschen. So könnte es doch auch sein, nicht?

In Wahrheit ist es aber die Zeit des völligen Irrsinns, mit Menschenschlangen in den Einkaufsmeilen, einem Aggressionspotenzial in der Luft wie im Trainingscamp der Marines, und eingekauft wird – vorsorglich –, als stünde ein Atomkrieg bevor und man müsste seinen heimeligen Prepper-Bunker bis ins Jahr 2038 bestücken.

Was aber sehr wohl Spaß macht, ist es, den Weihnachtsbaum gemeinsam zu besorgen.

Denk ich mir, naiv wie ich bin.

Also packe ich mein Töchterlein ein, um zum Baumdealer meines Vertrauens zu pilgern und mir die dort ausgestellten Nadelhölzer in Ruhe anzusehen. Das Wort *Ruhe* streichen wir gleich wieder, denn so wie ich sind auch ein paar Milliarden anderer Menschen am 23.12. auf den Gedanken gekommen, dass so ein Bäumlein im beheizten Wohnraum doch nicht schlecht wäre.

Das Gerangel um die schönen Blautannen interessiert uns herzlich wenig, wir bewegen uns Richtung Fichtenwald, um einen kleinen, feinen Wipfel auszusuchen.

»Der da gefällt mir!«

»*Zu klein.*«

»Und was ist mit dem da?«

»*Zu groß.*«

»Aber der hier jetzt, der ist perfekt.«

»*Der ist doch urhässlich. Und mir ist kalt. Und fad.*«

Kurz nachgedacht. Eigentlich ist es mir doch völlig sternschnuppe, ob dem Kinderlein kommet der Baum jetzt gefällt oder nicht. Wenn er dann steht, geschmückt ist und »brennt«, ist die Welt ohnehin wieder in Ordnung.

Ich suche mir also eine halbwegs erträgliche Fichte aus, schätze grob die Höhe, finde den Preis nicht übertrieben und winke dem in wattierten Jacken gepolsterten Baumverkäufer mit den überdimensional großen Arbeitshandschuhen zu.

Mit schweren Stiefeln trottet er in unsere Richtung und meint: »Dea do?«

Ich bitte ihn höflichst darum, mir das Bäumchen in ein hölzernes Stehkreuz zu schlagen und gut zu vernetzen, damit er auch souverän in meine Karre passt. Wortlos erfüllt mir der Grobschlächtige meinen Wunsch, kassiert und lehnt mir den Baum an die Schulter. Mein geliebter Kleinmensch steht gelangweilt in herum der Gegend und tippt – man glaubt es kaum – in ihr Handtelefon. Das kurz aufgeflackerte Interesse an der Operation Weihnachtsbaum war in geschätzten 1,8 Sekunden verflogen.

Ich vermelde frohen Mutes: »Fertig!«, und schleppe das benadelte und benetzte Ding mit dem hölzernen Standfuß Richtung Auto.

Plötzlich flammt bei meiner Prinzessin jähes Interesse auf. Mit einem verschmitzten und doch auch leicht verächtlich angehauchtem Grinser im Gesicht frägt sie keck: »*Und wie kriegst du den jetzt ins Auto?*«

Meine kurze Befriedigung über den erfolgreich erledigten Einkauf weicht einem großen Fragezeichen in meinem Kopf. Ausgezeichnete Frage! Ins Wohnzimmer passt er sicher, aber wie zur Hölle soll ich das Ding transportieren? Die Fragezeichen vermehren sich.

»*Ich wart dann mal hier. Das wird bestimmt wieder urpeinlich.*« Sprach's und vertiefte sich wieder in die smarte Phonewelt.

Kofferraum? Keine Chance. Rücksitze umlegen? Geht nicht. Irgendwie auf die Beifahrerseite reinlegen, Sitz ganz zurückschieben?

Keine Chance. Trotz der Temperaturen deutlich unter null stehen mir erste Schweißperlen auf der Stirn. Das darf doch jetzt aber bitte nicht ... Ich passe mich schlagartig der vorherrschenden, vorweihnachtlichen Aggression an, knalle den Beifahrersitz nach hinten, kurble die Seitenscheibe runter und prügle dieses Ungetüm aus dem Wald rückwärts schräg in den Wagen hinein.

Das Holzkreuz ruht jetzt auf dem Rücksitz links, der Baum quert die Fahrkabine und hängt rechts vorne aus dem Seitenfenster raus. Mir doch egal. Passt, kann man so lassen, kann man so transportieren. Wird's halt kalt beim Fahren.

Ich ernte einen dezenten Lacher aus dem Hintergrund.

»*Das ist echt urpeinlich, Papa, ich setz mich da jetzt sicher nicht rein und fahr so nach Hause.*«

Und ob du wirst. Sonst lass ich dich nämlich hier stehen, außerdem – auf dem Rücksitz links ist noch genug Platz, etwas Platz, ein wenig Platz, um einen kleinen Zwerg reinzupferchen.

Ich sehe mir im Rückspiegel kurz das Kopfgeschüttle des kleinen Haufen Mensch an, der irgendwie ein wenig ärmlich zerdrückt neben unserem Holzfreund sitzt, und fahre los.

Ja, es ist kalt. Ja, der sch... Baum ragt aus dem Seitenfenster. Ja, ich gestehe, Transportlogistik sieht anders aus.

Nächstes Mal kaufe ich einen Vorhang, auf dem eine Tanne abgebildet ist, hänge den auf und nagle ein paar Eierlikörfläschchen drauf. Fertig ist die Stimmung.

GOD GAVE ROCK'N'ROLL TO ME

*Fasching ist ein seltsamer Brauch, Kiss ist eine kultige Band, in der
Not frisst der Teufel Fliegen, und die Kelten sind grundsätzlich an
allem schuld.*

Ja, die Kelten. Schon wieder. Sie brachten uns Halloween – das
Fest der Toten, mit dem sie die grausliche Jahreszeit einläuteten,
und sie brachten uns den Fasching, mit dem sie die schöne Jahreszeit begrüßten. Bunt, mit rauschenden Festen, alles schön
geschmückt, alle gut abgefüllt mit lecker Met, und der Frühling
darf kommen. Gut, die Griechen feierten Dionysios, die Ägypter
Isis, die Römer Saturnus, alle so etwa um denselben Dreh herum, aber der heute schwer katholisch zersetzte Brauch ist trotzdem in Wahrheit keltisch.

Mit Grauen erinnere ich mich an meinen ersten und einzigen
Karnevalsumzug als Kind.

Ich war als Indianer verkleidet, vollständig von Kopf bis Fuß,
geschminkt, mit Federpracht im Haar und einer roten Plastik-
schaufel in der Hand. Ein Trauma. Meine Omi erkannte nämlich
damals schon meinen Hang zu Gewaltbereitschaft und wagte es
nicht, mich mit Pfeil und Bogen auszurüsten. Also eine rote Pla-
stikschaufel. Zum in den Boden Versinken und tot Umfallen.

In einem katholischen Gymnasium wird der Fasching noch
ernst genommen, denn er läutet die christliche Fastenzeit ein.
Vorher noch ordentlich wegsprengen, dann 40 Tage Müsli kauen.
Ein Klassiker. Von der echten Herkunft des Faschings haben die

14-Jährigen natürlich keine Ahnung, aber vong Verkleidung her sind sie live dabei.

Samstagnachmittag. Einkaufsstraße. Meine Prinzessin und ich schlendern ziellos umher, begaffen seltsame Menschen – also alle –, starren in Schaufenster und quatschen. Ich erfahre, dass am Dienstag in der Schule ein Verkleidungsreigen geplant ist und die Zwergenkönigin zu diesem Behufe ein Kostüm begehrt.

Blick auf die Uhr – Viertel vor 6. Und das weißt du seit wann genau? Ah, zwei Wochen. Und heute, jetzt und hier kommst du da drauf? Fein. Nein, du hast mir das noch nicht erzählt, ich hör das zum ersten Mal. Natürlich hör ich dir zu, ich hör dir immer zu. Vergesslich verbitte ich mir jetzt aber!

Lösungsorientiert wie immer analysiere ich die Lage. Online bestellen: Zu knapp vong Lieferzeit her, die Geschäfte schließen in Kürze. Blitzidee: ein Drogeriemarkt! Vorschlag: Wir holen schnell noch schwarz-weiße Schminke, du hast jede Menge schwarzer Sachen und so ein seltsames Glitzerüberwurfshirt, das jeglicher Sinnhaftigkeit entbehrt, und ich schmink dir ein Kiss-Gesicht. Natürlich kennst du Kiss, was heißt, du kennst Kiss nicht? Ich hab in der Schule schon Ramones-, Kiss- und Nirvana-Shirts gesehen. Nein, das sind keine Bekleidungsmarken, das sind verdammt nochmal Bands. KULTBANDS! Klar kann ich so was schminken. Ist doch nicht schwer.

Handy rausgerissen, den einen Song aus »Gullivers Reisen« angespielt und schon klingelt's ihr unter der kleinen Baumwollmütze.

Gesagt, getan, geshopped und heim.

Dienstagmorgen. Das frühe Aufstehen ist die Hölle. Ich kann so was nicht, ich kann irre viel, ich weiß auch sehr viel, ich bin eigentlich allgemein ziemlich gut, aber um 6.03 Uhr aufstehen (bitte nicht fragen, warum ihr Wecker EXAKT um 6.03 Uhr klingeln muss), kann ich nicht.

Nespressomaschine – what else? Schwarze Kapsel rein, noch eine, runter mit dem Zeug und mein Puls durchschlägt die 200er-Marke.

Voll da – es geht's ans Werk!

Schwarze Jeans, schwarze Socken, Glitzer-Sneakers (Plateaustiefel in Größe 36 am Wochenende auftreiben geht sehr schwer), schwarzes Langarm-Shirt, das Glitzerdingens drüber.

So. Die Haare. Ich hab mich natürlich für Gene Simmons entschieden. Leichte Übung – Zopfschwammerl mitten auf den Kopf, der Rest der Locken darf rechts und links runterwuchern. Fertig. Jetzt schminken.

Nicht blöde nicht, hat sich Vati am Vortag schon das Gesicht vom Mann mit der spitzen Zunge ausgedruckt und macht sich frisch ans Werk. Weiße Tunke ins Gesicht, schön verteilt, dann die schwarze Fledermaus über Nase, Augen, Stirn. Lippen schwarz, fertig. Ja, ich hab den schwarzen Lippenstift vergessen. Nein, du wirst an dieser Theaterfarbe nicht sterben. Die kann gar nicht giftig sein, sonst könnte man sie sich auch nicht ins Gesicht klatschen. Fertig!

Ich verharre kurz und begutachte mein Machwerk. Augen reiben, nochmal hinsehen. Hm. Na ja ...

»Schau mal in den Spiegel, bitte.«

Prinzessin dreht sich um, blickt in ihr Ebenbild und beginnt zu schreien, zu spucken, zu geifern, auszuflippen, abzuschnallen.

Na, na, na. So schlimm ist das doch auch wieder nicht.

»*So gehe ich SICHER NICHT nicht außer Haus, sicher nicht! Das ist doch MEGApeinlich, was hast du da gemacht, bitte?!*«

Empörung hoch drei, Worthergüsse, nicht enden wollende Sätze des Zorns. Bitte. Ich muss mich konzentrieren. Okayyy ... sie sieht nicht wie Gene aus ... sie sieht aus, als hätte man einem Albino beim Paintballspielen ins Gesicht geschossen. Mit schwarzer Farbe. Dauerfeuer. Irgendwie ist das alles verlaufen, verschmiert, die fledere Maus ist nicht mal im (Haar-)Ansatz zu erkennen. Tut mir leid ...

God gave zwar Rock'n'Roll to me, aber vong Schminken her bin ich noch nicht ganz am Punkt.

»Gib her, ich mach das selber!« Tür zu.

Schlafen kann ich jetzt nicht mehr. Der Nespresso pumpt durch meine Adern. Ich hör mir jetzt Nirvana an. Zur Beruhigung.

WASSER MARSCH!

Augen auf. Wenn man sich schon wie ein Kleinkind eine Wasser-
rutsche hinunterstürzt, sollte man tunlichst darauf achten, dass
selbige auch in Betrieb ist.

Wochenende. Ausschlafen. Wunderbar. Wo sind die Zeiten hin,
als ich von meiner Prinzessin geweckt wurde, früh des Morgens,
zu einer Stunde, die mir Kopfschmerzen und Unbehagen bereite-
te? Mittlerweile hat sich der Spieß umgedreht, je näher es gegen
Mittag geht, desto öfter gehe ich nachsehen, ob mein Kind noch
lebt.

Raus aus den Federn, frühstücken, anziehen, es ist wunder-
schön draußen, es ist heiß, raus, raus, raus – lass uns doch mal
wieder baden gehen!

Ich wiederhole den Vorschlag fünfmal. Die ersten vier Mal
scheitere ich am größten Aufmerksamkeitskiller, den die Zivilisa-
tion anno Gegenwart jungen Heranwachsenden zumutet: Youtube, was sonst? Aber bitte ausschließlich am Handy, damit nicht
nur die Körperhaltung, sondern auch die Augen ordentlich darunter leiden.

Nach langem Hin und Her und den üblichen Diskussionen,
wie unnötig und überschätzt es doch eigentlich sei, hinauszuge-
hen, gelingt es mir dann doch, den Handyzwerg in die U-Bahn zu
verfrachten, um Richtung Freibad zu segeln.

Natürlich ist sonst niemand bei diesem Wetter auf die Idee gekommen, baden zu gehen, dementsprechend ist auch der Andrang

an der Kassa. Die Handyfixierung erweist sich als Vorteil, jegliches Gemotze über doofes Anstellen und zu viele Menschen bleibt aus. Instagram, was sonst?

Nach gefühlten drei Monaten in der Warteschlange geht's endlich rein ins Bad. Die Wahl des Liegeplatzes wird zu einer Herausforderung, hier ist es zu heiß, dort ist es zu schattig, hier ist es zu laut, da ist es zu leise, hüben sind Schulkollegen, die gnädiges Fräulein um Gottes willen heute nicht sehen will, drüben sind nur alte Leute (also so wie ich, was zur Hölle ...) aber trotzdem schaffen wir es, uns irgendwo hinzupflanzen, wo die Welt halbwegs in Ordnung ist.

Mein Kind im Manne erwacht. Wasserrutsche! Ich blicke prüfend auf die Warteschlange am Gateway zum Wasserspaß. Kleinkinder, Kinder, Teenager. Die Anzahl der Erwachsenen, die sich anstellen, um sich die Rutsche runterzuwerfen, hält sich mit etwa Null ziemlich in Grenzen.

Okay, ich versuche einen Teenager, der, mittlerweile mit Kopfhörern zugestoppelt, am Handy hängt – Youtube, was sonst? –, zu erwecken und für eine Rutschpartie zu begeistern.

Uncool. Geringschätziges Mundwinkelverziehen und Augenrollen.

Ach komm, das macht doch Spaß, haben wir doch früher auch immer gemacht. Ja, früher, als der kleine Mensch noch ein Kind war. Also vor einem Jahr ...

Engelszungen und das Versprechen eines Speiseeises funktionieren erstaunlicherweise immer noch – und schon stehen wir am Gateway. Ich bin zugegeben etwas aufgeregt, der kleine Bub in mir freut sich voll, und das kleine Mädchen neben mir versucht krampfhaft zu verbergen, dass ihr so was wie Vorfreude ins Gebein fährt.

Endlich sind wir dran und werfen uns souverän hinunter, perfekte Landung, sauberer Einschlag, niemand verletzt, Höchstgeschwindigkeit erzielt. Geil! Ich will noch mal! Ich kraule hektisch aus dem Becken raus, oben auf der Rutsche ist die Warteschlange verschwunden – welch glückliche Fügung, welch offensichtliche Einladung. Ich rase die Treppen hinauf, das Gate ist frei, niemand mehr da, nicht mal mehr Herr Trillerpfeife, ich stürme zur Rutsche, werfe mich hinunter und rutsche ... ja! ... drei Meter weit. Stillstand. Nichts geht mehr, nichts rutscht, nichts flutscht. Etwas irritiert und hilfesuchend blicke ich nach unten und mich um herum.

Am Beckenrand steht mein Lieblingskind, kopfschüttelnd, und schlägt die Hände vors Gesicht. Im Wasser an die 20 Augenpaare, die mich belustigt angrinsen, wie ich auf der Wasserrutsche klebe und mich nur unmerklich und im Schneckentempo abwärtsbewege.

Mir fällt es wie Schuppen aus den Haaren – Rutschpause!

Kein Wasser auf der Bahn, deswegen auch keine Leute am Gate, deswegen auch der Herr in Weiß mit der Pfeife nicht im Einsatz, oh Mann ... Ich robbe langsam nach unten in Richtung meines immer noch kopfschüttelnden Teenagers, versuche, meinen Schmerz ein wenig durch gekünsteltes Grinsen zu übertünchen, und darf mir dann – unten angekommen – einen mir vertrauten Satz anhören.

»Du bist urpeinlich, Papa! Hast du nicht gecheckt, dass grad Pause ist ...?!«

Nein, hab ich in meinem jugendlichen Leichtsinn nicht. Sonst hätte ich wohl kaum die Klebequalle gemacht, zum Gaudium des Publikums. Wieder was gelernt, beim nächsten Mal wird alles besser. Oder auch nicht, mal sehen. Essen wir jetzt ein Eis, bitte.

KEINE FOTOS, BITTE

Paparazzi. Im wahrsten Sinn des Wortes. Ein kleiner Ratgeber, wie man sich mit affenartiger Geschwindigkeit bei einem Teenager unbeliebt machen kann.

Urlaubszeit! Ausflugszeit, Reisezeit, Gemeinsamzeit, Unternehmungszeit. Wofür hat man denn die gute Kamera, wenn man sie nicht überallhin mitnimmt, um schöne Fotos zu machen?

Mal nicht nur mit dem Handy, sondern mit einer Spiegelreflex, mit Tiefenschärfe, mit manuellen Belichtungs- und Weißabgleicheinstellungen, Farbintensitäten, Kontrastierungen. Macht doch Spaß! Außerdem muss man besondere Momente festhalten, und vor allem muss man diese Momente mit seinem Sprössling festhalten. Irgendwann freut sie sich darüber, war doch immer noch so.

Denkste. Ab dem Teenageralter ist Fotos machen verpönt. Aber so was von. Das Gezicke von Beyoncé ist ein laues Lüftchen dagegen.

Wir machen uns also bereit für eine Bergwanderung. Hochsteiermark. Meine Fotoapparatur wird misstrauisch beäugt.

»Du machst eh keine Fotos von mir?«

Ein argwöhnischer Blick.

»Na ja ... schaumer mal.«

Für was schlepp ich denn die schwere Tasche in der Gegend rum? Für was hab ich das Teleobjektiv mit? Um alles zu benutzen! Und du wirst es nicht mal merken.

Aus der Bergwanderung wird schließlich eine Seilbahnfahrt Richtung Alm, denn hier raufzuwandern ist urfad, ursinnlos und urmühsam. Und dauert urlang. Wir gondeln also rauf, ich spiele mich ein wenig mit der Kamera, werde beobachtet wie ein weißer Hase im Feld von einem Steinadler und knipse vorerst genüsslich die Umgebung. Schön hier, echt schön.

Oben angekommen, o Gott, die niederschmetternde Erkenntnis – wir müssen tatsächlich die letzten 400 Meter zu Fuß zum Gipfel und zu der dort ansässigen Wirtschaft gehen! Und was noch schlimmer ist als der kurze Anflug einer Wanderung: Das Handynetz lässt aus!

»Ich hab nur E. Warum hab ich NUR E?«

Die Laune meiner wundervollen Prinzessin sinkt ins Bodenlose. Kaum Netz, der Alte mit der Kamera führt sicher Übles im Schilde, und kilometerweit wandern.

Wir kommen an einem Tiergehege vorbei, bewundern einen verrückt gewordenen Esel, ich zoome mir ein paar wundervolle Rehe in die Linse und beobachte meinen Teen, wie er an einem alten, knorrigen Holzzaun hängt. Kopf aufgestützt auf die Unterarme den durchgeknallten Esel beäugend, und rund um sie eine wundervolle Berglandschaft. Die Sonne scheint, sattes Grün, Wiesen, Wald, ein Gipfel mit leichtem Schneezuckerguss blitzt im Hintergrund aus dem Horizont, und davor lehnt Kindi auf dem alten Gebälk. Kitschig. Ich muss es tun, ich kann nicht anders.

Ich verstecke mich im Gelände hinter einem Baum, 50 oder mehr Meter weit entfernt, visiere an, versuche den kleinen Menschen eher an den Bildrand zu rücken, damit man die Landschaft vollumfänglich sieht, justiere und drücke ab.

Das sanfte Geräusch des Auslösers hallt wie ein Kanonenschuss durch die Stille der Alm. Ich erschrecke fast selbst. Tochter dreht sich langsam und suchenden Auges um, wo steckt dieser Mensch und was macht er eigentlich?

»Du hast mich jetzt aber nicht fotografiert, oder? Ich mag das nicht, ich will keine Fotos von mir, ich seh unmöglich aus.«

Ich trotte langsam zu ihr hinüber, halte ihr das Display vors Gesicht und zeige ihr die Aufnahme.

»Die Haare! Diese Frisur! Um Gottes willen, das geht so nicht. Das ist urpeinlich, Papa!«

Ich rede beschwichtigend auf sie ein, mir gefällt's, mir gefällt auch die leicht zerzauste Frisur vom Almwind, das Spiel aus Licht und Schatten, man sieht sogar den kleinen weißen Schneegipfel im Hintergrund, diese satten Farben, der Wald indirekt von goldigen Sonnenstrahlen beleuchtet, es sieht einfach toll aus!

»Das ist überhaupt nicht peinlich, das ist urschön!«

Ich ernte strafende Blicke, ich ernte einen Gesichtsausdruck aus Blitz und Donner, aus Gewitterwolken und ewiger Rache. Mit gefällt's. Ich bringe meine Freude über den gelungenen Schuss noch mal zum Ausdruck, ohne große Reaktion.

Wir trotten die letzten 200 Meter Richtung Almwirtschaft. Und ich werde dich heute sicher noch mal erwischen, vor dieser kitschigen Almhütte zum Beispiel, oder vor diesem alten, morschen Brunnen. So viele Motive, alles so schön. Wofür hab ich denn das teure Gerät? Eben. Und selbst wenn ich wieder das gesamte Meckerrepertoire ernte.

Am Abend, wenn wir uns das alles in Ruhe ansehen, lasse ich gern mit mir verhandeln. Aber alle Fotos werden sicher nicht gelöscht. No way.

RHONCHOPATHIE – NEIN, DANKE

Das Wort Rhonchopathie kommt aus dem Griechischen, rhonchos – das Schnarchen, und pathie – leiden. Wobei ich gar nicht leide. Nur die anderen.

Es ist mal wieder so weit, Kino steht auf dem Programm. Über die Filmauswahl mit einem frisch gebackenen Teenager zu diskutieren, ist, als würde man Donald Trump überreden wollen, freiwillig sein Amt niederzulegen oder doch besser eine Mauer rund ums Weiße Haus zu bauen. Einen Versuch wert, phasenweise sogar amüsant, aber am Ende ziemlich sinnlos.

Nun gut, man einigt sich auf einen Teenagerfilm für Teenager, in dem Teenager ein urgefährliches Handygame spielen und keiner der Darsteller jenseits der 14 ist.

Auf dem Weg zum Lichtspieltheater zücke ich mein Handy und versuche nochmals, das aktuelle Kinoprogramm in den Fokus der Heranwachsenden zu rücken und ihr das wundervolle Potpourri an spannenden Blockbustern schmackhaft zu reden.

Erfolglos, ihr Blick wechselt von gelangweilt und geringschätzig bis hin zu blanker Ignoranz; trotz blumigsten Verkäufervokabulars und Kreidestimme.

Die Kinokarten werden selbstverständlich vor Ort aus dem Automaten gedrückt, in einer Menschenschlange anzustehen, jemanden aus der Schule zu treffen oder überhaupt sozialer Kontakt zu den Eingeborenen des Centers, sind strengstens unerwünscht.

Der Mensch am Kartenabriss ist überragend freundlich, was ich meinerseits wohlwollend zur Kenntnis nehme, mein Brachialjugendlicher jedoch nur mit einem genervten Augenzucken würdigt.

Aber jetzt: Popcorn, Cola, Nachos, Gummizeugs, Menschenschlange, anstehen. Darf ich natürlich alleine machen, sich unter Menschen zu zwängen, ist einer Principessa nicht würdig.

Nachdem ich unfassbar viel Geld für eine Runde Vorstellungsproviant loswerde – Hallo? Ich wollte nicht den ganzen Saal kaufen! –, lasse ich mir noch schnell zwei zusätzliche Arme wachsen und schleppe den ganzen Haufen zu meinem geliebten Töchterlein hinüber, das geduldig in einer Ecke auf den Packesel wartet.

Endlich im Kino, endlich im Saal, mein Witz mit dem Kindersitz, den ich spaßeshalber schnappen will, weil sie doch noch soo klein ist, geht ins Leere. Nach dem Anfangsgemecker über die Sitznachbarn vorne, hinten, rechts und links geht's endlich los. Es wird dunkel, es ist angenehm warm, der Bauch füllt sich langsam mit ungesundem Zeug, mein Blut wandert aus dem Kopf Richtung Magen, um die Nahrungsimitationen zu verdauen, und plötzlich wird es: finster.

Nächste Szene: Ein kleiner spitzer Ellbogen fährt mir in die Seite, begleitet von einem bösen Zischen.

»Du schnarchst, Papa, das ist peinlich!«

Oje. Na was soll ich denn hier sonst machen, es gibt so viele gute Filme ... aber der hier ...

Ich reiß mich am Riemen, lutsche an Gummitieren und merke, wie mir erneut die Lider schwer werden. Es wird dunkler, alles verschwimmt vor meinen Augen, die Dialoge werden zu einem undefinierbaren Hintergrundgeräusch und – wieder der Ellbogen.

»*Papa! Du schnarchst, nicht so laut!*«

Ups. Wieder weggedriftet. Was mach ich jetzt? Streichhölzer in die Augen, kurz aufs Klo, mir das Gesicht kalt waschen; ein Getränk, das Flügel verleiht, vom Kiosk ...? Meine Gedanken überschlagen sich, ich blicke unsicher um mich und ernte einen strafenden Blick des Sitznachbarn. Verstehe, scheinbar erregt mein Powernapping tatsächlich unangenehmes Aufsehen.

Ich gelobe meinem Kinde, jetzt tatsächlich wach zu bleiben, stopfe alles in mich rein, was noch an Essbarem da ist, und schlecke aus Langeweile auch noch die Nacho-Salsa-Grütze mit dem Finger aus dem Plastikgeschirr. Endlich. Aus. Ich weiß nicht, wie der Film heißt, ich weiß nicht, um was es gegangen ist, aber er ist endlich aus.

Der Abgang aus dem Saal wird zur Flucht, mit Müh und Not schaffe ich es, mit einem 13-jährigen Rennwagen mitzuhalten, um mir vor der Tür noch mal anhören zu dürfen –

»*Du schnarchst wie ein Walross, das ist so was von ...*«

Na was kann ich denn dafür? Mein Gaumensegel hat ein Eigenleben, wird nicht vom vegetativen Nervensystem kontrolliert, und meine Uvula ist zu lang. Soll ich sie mir selber abschneiden und im Kinosaal ausbluten? Nächstes Mal wird geschaut, was ICH will. Aus, basta. Dann bleib ich unter Garantie wach.

WENN DER CHRISTMANN ZWEIMAL KLINGELT

Weihnachten ist so eine Sache. Und hat eine Buchseite mehr verdient. Denn es endet entweder in einem Nervenzusammenbruch oder man erfriert. Oder beides.

Wir feiern immer noch den 24. Dezember als Tag der Geburt Christi. Dabei wissen wir doch alle schon längst, dass der Messias irgendwann im Sommer auf die Welt kam. Maria wurde auch nicht vom Heiligen Geist und unbefleckt geschwängert, da hatte schon der alte Schelm Josef seine Hände im Spiel. Und andere Körperteile. Aber so ein Nadelbaum im Sommer wirft selbige relativ schnell ab, und das macht nur Dreck. Versündige ich mich jetzt? Nein. Ich bin vor Urzeiten in gutem Einvernehmen aus diesem Verein ausgetreten, habe dem alten Herrn oben in einer Kirche andächtig alles erklärt, und nachdem kein Widerspruch kam, nahm ich es als stilles Einverständnis.

Weihnachten.

Ich glaube, die Eltern sind die Letzten, die noch an das Christkind glauben und mit einer Sturheit und Beharrlichkeit ein Klingeling-Szenario inszenieren, das der Halbwüchsigen nur noch Kopfschütteln bereitet.

Ich weiß nicht, wann genau, aber ich schätze, so mit sieben oder acht ward meine Prinzessin auf dem Boden der harten Realität aufgeschlagen. Schulkollegen. Verfluchtes Spoilern! Es würde keinen Weihnachtsmann geben, auch kein Christkind, keinen Osterhasen, keine Feen, keine Trolle und überhaupt steckten dahinter immer nur die Eltern. Fehlt nur noch, dass man ob der jahrelangen Verarsche Schelte einfährt, aber selbst Kinder haben trotz angeborener Schonungslosigkeit hin und wieder dezente Anfälle von Rücksichtnahme. Selten, aber doch.

Einmal versuch ich's noch. Ich bereite mich vor. Beim Online-Versandhandel bestelle ich mir rechtzeitig ein Santa-Claus-Kostüm. Vollausstattung. Hose, Jacke, Mütze, weißer Bart. Large. Sollte passen.

Ich habe einen Plan. Aber so was von. Augen wird sie machen, von wegen es gäbe keinen Weihnachtsmann!

Erster Aufzug.

Am Heiligabend wird vor der Bescherung noch gebadet. Kind, du musst frisch sein, entwurmt und geimpft, die Haare gewaschen, geföhnt und schön frisiert. Du sollst nicht mit Fliegen, die deinen Kopf umkreisen, dem Bäumchen gegenüberstehen, sondern glänzen, duften, strahlen. Gut. Bei einer 9-Jährigen funktionieren Ansätze von Autorität noch. Halbwegs. Wenn man freundlich ist. Und die Geduld eines 82-jährigen Mulis aufbringt.

Kind badet, wäscht Haare, föhnt.

Zweiter Aufzug.

In der Zwischenzeit hab ich meinen Santa-Aufzug vor der Gartentür im Wohnzimmer deponiert. Ich stecke noch kurz meinen Kopf ins Badezimmer, nicke dem föhnenden Zwerg grinsend zu – Daumen hoch! –, lasse die Tür einen großen Spalt offen, und auf geht's. Speed. Ich renne Richtung Gartentür, kämpfe mich in den Santa-Anzug. Verdammt. Large geht nicht über mein Gewand. Blitzgneißer. Weg mit Hose, dicker Weste, vor der Tür abgelegt. Nächster Versuch. Passt. Ich schlüpfe schnell wieder in die schweren Stiefel, Dr. Martens, what else? Raus in den Garten, Tür zugezogen, Wohnung umrundet und bei der Eingangstür wieder rein. Die ich selbstredend zuvor einen Spalt offen gelassen habe. Generalstabsplan. Die Landung in der Normandie am 6. Juni 1944 war Monopoly dagegen. So. Bart richten.

Dritter Aufzug.

Ich stapfe mit schweren Schritten Richtung Badezimmertür. Schwer atmend. Ein alter Mann, der soeben mit einem Rentierschlitten vom Nordpol angereist kam, ist überanstrengt. Logisch.

Ich gehe langsam, laut und bedächtig. Die Badezimmertür ist weit genug offen, ich schreite extra langsam daran vorbei, Blick stur geradeaus und nehme in den Augenwinkeln ein fassungsloses Kindergesicht wahr. Auf einem kleinen Hockerl vor dem Badezimmerspiegel stehend, Handtuch umgebunden, Föhn in der Hand, und mit baseballgroßen Augen erstaunt durch den Spalt auf den vorbeitrampelnden Weihnachtsmann glotzend. Weihnachtsmann?! Eine Sekunde hat gereicht. Spitze Schreie, lautes Gekreische, Aufregung, Tumult. Volltreffer!

Vierter Aufzug.

Jetzt heißt es, schnell sein, aus dem Stapfen wird ein kurzer, lautloser Sprint zur Vordertür. Ich muss rasch wieder als Vatern auftauchen und mich total interessiert nach dem Grund des Geschreis erkundigen. Raus, Tür zugezogen, sonst geht's kalt rein, Kindi ist frisch gebadet und verkühlt sich vielleicht. Wieder eine Runde drehen, im Laufen Santa vom Leib fetzen, shit, zerrissen, egal, brauch ich ohnehin nie mehr, und wieder rein bei der Gartentür, hinter der Alltagshose und Weste warten. So der Plan.

Fünfter Aufzug.

Nein. Bitte nicht. Bitte, bitte, bitte nicht. Hab ich die Gartentür vorher hinter mir zugezogen? Innen eine Klinke, außen ein Knauf. Ja ... ich hab sie zugezogen. Ich hab sie zugezogen!!

Warum hab ich sie zugezogen?! Na weil's kalt ist.

Ich klebe mein Gesicht an die Scheibe und sehe meinen Gewandhaufen dort liegen. Hier komm ich nicht rein. Wieder vorgerannt zur Vordertür. Außen Knopf – innen Klinke. Ich komm hier nirgendwo mehr rein! Minus sieben Grad, in Unterhose und Unterleiberl. Zumindest hab ich noch Schuhe an. Ich zucke jetzt gleich aus, ich trete die Tür ein, ich zertrümmere ein Fenster, ich könnte heulen, durchdrehen, verzweifeln, zusammenbrechen, mein Nervenkostüm zerreißt. Das ist doch jetzt ein Witz, bitte! Auf dem letzten Meter tritt mir das Schicksal mit schweren Weihnachtsstiefeln mitten in die Fresse? Echt wahr?

Minuten, die zu Stunden werden, vergehen. Nasenlöcher längst zugefroren. Mich schüttelt's vor kalt vom Nasenhaar bis zur Wade. »Klingeling!« Das erste Glöckchen ertönt. Beim zweiten wird's erst ernst. Ich kann nichts tun! Ich hab natürlich auch kein Handy eingesteckt, Türglocke geht auch nicht, dafür müsste ich das ganze Haus verlassen, aufsperren und draußen klingeln. Ich hab keine Schlüssel mit. WOZU DENN AUCH!? Nervenzusammenbruch. In 3 – 2 – 1 …

Letzter Aufzug.

Wieder vor zur Gartentür. Ich presse mein Eisgesicht an die Scheibe. Sehe Hose und Weste. Höre dezentes Stimmengewirr. Man sucht mich scheinbar. »Klingeling!« Sanfte Beleuchtung geht an. Goldlöckchen stürmt den Raum, sieht den Baum, sieht die Gartentür, sieht mein an der Scheibe angefrorenes, schmerzverzerrtes Gesicht. Sie stoppt. Abrupt. Geht langsam auf die Tür zu, drückt in Zeitlupe die Klinke und zieht noch zeitlupiger diese Höllentür auf. Fast hirntot sehe ich, wie sich ein duftendes und glänzendes Prinzesschen, mit den Händen streng an die Hüften gestützt, vor mir aufbaut, den Kopf schüttelt, Luft holt und …

Ich hör nicht zu. Ja, ich weiß, es gibt keinen Weihnachtsmann, ja, ICH war das, ja, ich hab mich ausgesperrt, ja, das ist jetzt alles urpein... ach, lassts mich doch hier draußen in Frieden sterben.

Nein, ich muss rein. Schnell heiß duschen! Dort kann ich endlich in Ruhe weinen und mich meiner Schmach hingeben.

Gibt's eigentlich so was wie eine Lobotomie light? Nur die letzten 20 Minuten aus meinem Gedächtnis hämmern, bitte, liebes Christkind.

HOW MUCH IS THE FISH?

Also mit der Generation, die unsere Pensionen sichern soll, ist irgendwie nicht mehr viel los. Ganz schön konservativ, diese Teenager.

Ich finde mich eigentlich gar nicht peinlich, als Kind der 70er bin ich mit dem Gedanken aufgewachsen, dass jeder von uns ein Rockstar sein kann. Und so haben wir uns auch immer benommen – wie Rockstars. Ohne Fernseher aus Hotelzimmern durchs geschlossene Fenster zu donnern, versteht sich.

Musikalisch hänge ich in den 80ern und 90ern fest, das war meine Zeit, obwohl ich mich an etliche Jahre in den 90ern nicht mehr wirklich erinnern kann, aber wie heißt es so schön – wer sich an die 90er erinnern kann, hat sie nicht erlebt. Selbst als Rocker mit genagelten Boots, schwarzer Lederhose, schwarzem Ledergilet, überhaupt alles schwarz, ist es einem in den 90ern oft geglückt, auf einem Techno-Clubbing zu landen. Man wusste nicht mehr, wie man dort hingekommen ist und wie man von dort wieder weggekommen ist, aber zwischendrin bei Dancemucke abfeiern, ging irgendwie doch gut.

Auch heute noch, wenn ich mir alte CDs, nein, falsche Gegenwart, Playlisten via Blauzahn ins Autoradio reinbeame und zufällig Scooter mit »How Much Is the Fish?« ertönt, muss ich in alter Tradition die Fenster runterkurbeln, den Volume-Regler auf Maximalzerstörung hochdrehen und meinen Ellbogen aus dem Fenster hängen. Wie es sich damals eben gehörte.

Jägermeister-Aufkleber auf dem Heckfenster hab ich leider keinen, dann wäre es endgültig authentisch.

Und wie reagiert mein braver Teenager, der sich Musik nur übers Smartphone reinpfeift, nicht mal mit einem externen Lautsprecher, nicht mal mit einem Kopfhörer, sondern einfach nur über die Kasperllautsprecher aus dem Gerät selber? Sie reagiert mit:

»Papa, das ist peinlich!!«

Im Brustton der Überzeugung. Lässt sie sich zusätzlich noch ganz tief in den Beifahrersitz sinken, damit man sie von außen um Gottes willen nicht sieht. Ich bin gar nicht da.

Um ihrer Spießigkeit noch extra einen reinzuwürgen, suche ich nach dem nächsten Scooter-Song. H.P. Baxxter. Sieht seit 1993 komplett gleich aus. Altert nicht, verändert keinen Millimeter seine Frisur, stur auf Kurs. Fast schon bewundernswert, hätte er seinen größten Hit nicht von Ultrasonic geklaut. Das nehme ich ihm bis heute übel. Aber bei »Nessaja« im 8-Boxen-Auto-Hifi-Supersystemsound flippe ich endgültig aus und führe meinen berüchtigten Sitztanz im Auto vor. Sinnlos lustig, aber ich schäme mich kein bisschen.

Mein Teenager ist mittlerweile schon Teil des Beifahrersitzes geworden, quasi mit ihm verschmolzen, hat sich die Mütze über das Gesicht gezogen und hält sich demonstrativ die Ohren zu. Weil ich doch soo daneben bin. Dabei schwelge ich nur nostalgisch in uralter, inhaltsloser, aber trotzdem irgendwie geiler Mucke. Mit literarisch kostbaren Textpassagen wie »Respect to the man in the ice cream van«. Das ist dermaßen abstrakt, dass es schon wieder Kult ist. Außerdem hatte ich schon im Gymnasium nie ein Problem dabei, zuzugeben, dass ich auf Modern Talking stehe. Wie war das mit dem Altrocker ...?

Würde ich ein Dieter-Bohlen-Hitmedley im Auto auflegen und voll aufdrehen, würde mein pubertierender Teenager sich aus dem fahrenden Wagen werfen. Hauptsache weg von dem Wahnsinnigen. Das soll mein Papa sein? Nie im Leben. Wie peinlich kann man denn eigentlich sein? Ich hoffe, es hat mich niemand gesehen, keine Schulkollegen, Freunde, Lehrer, Bekannte, Verwandte ... und warum spielt er nicht einfach Miley Cyrus in dezenter, erträglich Lautstärke, sodass NICHTS nach außen dringen kann.

Ich lese genau diese Gedanken in ihrem Gesicht, aber offen gesagt, es ist mir auch ein wenig egal – da muss sie durch. Und ich hoffe immer noch, dass sie irgendwann auch mal jenseits der Disneylandsängerinnen auf Rock, Rap, R&B und Funk reinkippt. Irgendwas davon. Diese Hollywood-Mädels sehen doch alle gleich aus, klingen gleich – kennst du einen Song, kennst du jeden, die Namen braucht man sich auch nicht zu merken, denn übermorgen checken sie im zarten Alter von sechzehn in die Betty-Ford-Klinik ein und sind weg vom Fenster. Und wenn sie wieder rauskommen, rasieren sie sich den Schädel kahl und knallen völlig durch. Kennen wir doch. Nächstes Mal gibt's Rock. Altrock. Survivor, voll aufgedreht. Und ich weiß jetzt schon, was ich mir dann anhören darf.

LOOK, BUT DON'T TOUCH

Ein Urlaub am Meer ist was Schönes. Als amateurhafter, aber leidenschaftlicher Taucher noch mehr. Dass man dort unten in der unberührten Welt nichts anfassen sollte, lernt man schnell.

Zypern. Kennt man doch. Diese Schwertfischinsel im Mittelmeer hinter Sardinien und Sizilien. Griechisch. Zumindest die Hälfte. Den Norden beanspruchen seit 1974 die Türken, aber glücklicherweise ist mittlerweile Frieden, und die zwei Länder auf einer Insel gehen friedlich und fast schon nett miteinander um. Die Grenzkontrolle ist etwas übertrieben, eine Einreise nach Amerika ist dagegen wie ein Besuch im Märchenpark St. Margarethen.

Wir machen uns auf zu einem Tauchausflug. Das Gezeter im Vorfeld muss ich einfach mangels Optionen ignorieren, denn auf so einem Boot stinkt's nämlich IMMER, es ist urheiß und urfad, und was soll ich dort machen, und schlecht wird mir auch, und den ewig gleichen Ziegenkäsesalat mag ich auch nicht. Das Fladenbrot ist außerdem urgrauslich.

Ich bin glücklich, Meer, Wasser, Boot, ein Tauchgang in Aussicht, die salzige Brise im Gesicht, das Rauschen der Wellen im Ohr, das sanfte Schaukeln des Boots, die unendliche Weite, herrlich. Bei guter Sicht kann man am Horizont sogar einen Streifen Syrien erkennen.

Ich parke mein Kind auf dem Sonnendeck, eingepackt in Handtücher, weil die Sonne ist nämlich nicht zum Aushalten,

bastle aus einem weiteren Handtuch so was wie einen Sonnen-
schutz in der Biegung der Reling, drücke ihr meine Kopfhörer in
die Hand und entferne mich dezent zum Briefing.

Rein in den kurzen Neoprenanzug. »Get your gear together!«,
schreit ein gestrenger Dive-Master und los geht's. Der Mann ist
Brite, war in Zypern stationiert und ist hängen geblieben – auf
der Insel und in seinem Militärjargon. Alle gehorchen, machen
sich fertig, checken sich gegenseitig Jacke, Flasche, Lungenauto-
mat, Blei, und ab geht's.

Oberstleutnant »Streng« führt meine Gruppe an, die nur aus
ihm, mir und einem ängstlichen Schweizer besteht, der zitternd
seinen viel zu großen Vollkörperanzug anschwitzt.

Wir werfen uns in die Tiefen der See. Die Unterwasserwelt ist
etwas karg, um nicht zu sagen, es gibt keine; wenn alle hundert
Meter ein Lebewesen an einem vorüberzieht, kann man von
Glück reden. Aber darum geht's auch nicht. Denn wir betauchen
heute einen versunkenen alten Tempel auf dem Meeresgrund.

Nach etlichen Minuten sandigen Nichts offenbart sich nach
einer kurzen Anhöhe eine fantastische Welt. Eine Säulenhalle,
gigantisch, altgriechisch, Statuen, Skulpturen, Reste eines versunkenen Tempels, beeindruckend. Wir dümpeln dahin, lang
wird's nicht dauern, der aufgeregte Schweizer atmet wie ein Haflinger seine Flasche leer, aber immerhin hat er eine 15 Euro teure
Wegwerfunterwasserkamera eingesteckt. Mit der er noch aufgeregter knipst.

Ich paddle zu einer Säule, lehne mich an, posiere für ihn, er
deutet mir: super!, richtet sein Plastikteil auf mich und drückt ab.
Ich drück auch ab – mich von der Säule –, um weiterzuschwim-
men. Drehe mich sicherheitshalber noch einmal um, um zu
sehen, ob der Schweizer eh noch nicht erstickt ist, und sehe ... Ja,

was sehe ich? Eine 10 Meter hohe Säule, die sich langsam neigt. Ganz sanft, friedlich, in Zeitlupe, wie in einem schlechten Film, und sich lautlos in Slow Motion gen Boden bewegt, um dort still in einer Sandstaubwolke aufzuschlagen. Ich beginne zu atmen wie der Schweizer. Sergeant Dive kommt angeflosselt und hat einen erkennbar hochroten Schädel unter seiner Brille. Er deutet hektisch: Auftauchen!

Wieder im Boot angekommen, entkleidet, dem Frieden nicht trauend, sehe ich, wie sich der Engländer mit mittlerweile knallrotem Schädel auf mich zubewegt. Die Arme baumeln seitlich an seinem Körper, die Hände sind zu Fäusten geballt, ich kann seine weißen Knöchel sehen. Das Kinde ist inzwischen aus seinem Zelt herausgekrochen, zupft sich die Stöpsel aus dem Ohr und wirkt interessiert. Der Staff-Sergeant holt Luft und brüllt mich in Orkanstärke nieder, ich verstehe nur die Hälfte, möchte im Boot versinken, einfach verschwinden, mich in Luft auflösen, mich weggenieren. Es beruhigt sich. Er beruhigt sich. Ok. Ich habe verstanden. Seit 3000 Jahren steht das Stück unbewegt auf dem Meeresgrund, und dann kommt ein österreichischer Volldillo ums Eck und stößt es einfach um!

»*Großartig. Ganz toll. Mit dir fahr ich sicher nicht mehr raus, das ist doch urpeinlich, bitte.*«

Mit einem schmollenden Gesichtsausdruck kehrt mir mein Sprössling den Rücken zu, um sich wieder ins gebastelte Sonnenschutzeck zu legen. Ich geb's zu. Das war eine unfassbar überflüssige Aktion. Beim nächsten Mal binde ich mir die Hände auf den Rücken. Sollte mich der Dive-Master am Strand nicht standrechtlich harpunieren. Sicher bin ich mir bei dem nicht. Sorry, Zeus.

EINEN HAB ICH NOCH

Ostfriesland liegt an der Nordseeküste und ist relativ dünn besie-
delt. Stark besiedelt hingegen ist die Stadthalle. Wenn der Ostfrie-
se kommt.

Otto Waalkes in town! Wenn man in Ostfriesland aufwächst,
kann man entweder an Langeweile sterben, von Fischerei, Land-
wirtschaft oder Seehandel leben, in einer Springtide ersaufen,
oder in die Welt hinausziehen, singen, malen, spielen, lustig sein.

Otto hat mit Fischen nichts am Hut, und zieht Letzteres vor.

Was kaum jemand weiß, er startete seine Bühnenkarriere als
Frontmann und Leadgitarrist einer Beatles-Coverband. Genial,
nicht? Die Pilzkopffrisur ist geblieben. Bis heute. Schütter das
Deckhaar, verwegen der Seitenteil.

Ich liebe Otto. Er hat mich in meiner Kindheit mit seinen
Schüttelreimen und Coverversionen begeistert, mit Ottifanten
und dem ewigen Kindsein, mit dieser leichten und so selbstverständlichen Nonkonformität. Unpolitisch, Grenzen achtend,
freundlich, harmlos, sauber, unkritisch und niemals zynisch oder
sarkastisch – ein Großmeister des »weißen Humors«.

Otto in der Wiener Stadthalle. Karten werden besorgt. Kind
darf Freundin mitnehmen. Auf Augenhöhe lacht sich's leichter
und macht mehr Spaß. Wer der Mann eigentlich ist? Egal. Vertrau mir einfach, der ist gut, der bringt Freude, das wird ein schöner Abend. Hauptsache, die BFF kommt mit, der Rest ist meiner
10-jährigen Maid relativ ...

Das Geschnatter auf der Hinfahrt ist hochinteressant. Ich bin manchmal voll Bewunderung für das gesamte weibliche Geschlecht. Diese Multitaskingfähigkeit ist bemerkenswert. Mädchen und Frauen können gleichzeitig miteinander sprechen. Also simultan reden, nicht: Pause – zuhören – sprechen – Pause – zuhören – weiterreden; es passiert alles gleichzeitig. Und scheinbar verstehen sie sich tatsächlich, und es bleibt bei der jeweils anderen auch wirklich eine Botschaft hängen. Verblüffend!

Ich drehe das Autoradio ab, die Lärmquellen auf der Rückbank sind Unterhaltung genug, mehr als genug. Fokus auf die Straße, auf die Umgebung, Singletaskingfähigkeit einschalten – ich beschränke mich auf das Sehen. Denn ich kann meine Sinne einzeln abschalten und die Schotten nach Bedarf dicht machen, das können weibliche Wesen wiederum nicht.

Eingeparkt, eingecheckt, hingesetzt. Die Halle ist voll von kleinen Menschen, die gleichzeitig sprechen und zuhören können, gespickt mit Erziehungsberechtigten, die krampfhaft versuchen, die Contenance zu bewahren und sich in Gemütsruhe und Selbstbeherrschung üben.

Singletasking. Licht aus, Klappen zu, Spot an, Vorhang auf. Oooottttoooo!

Der Mann hat sich nicht verändert. Wieso sieht der heute komplett genauso aus wie anno 1984, als ICH ihn als Kind bewundern durfte? Wie geht das? Das gemäßigte Klima in Ostfriesland, bestimmt. Milde Winter, nie Schnee, kaum Frost, 1600 Sonnenstunden im Jahr, aber nie wirklich Hitze, immer brav mit sanftem Regen durchtränkt und eine salzige, jodreiche Luft. Sehr ozonhaltig durch die Winde und das Meer. Man spricht dieser Luft eine gewisse Heilwirkung zu. Ein halbe Million Einwohner auf 3000 km^2, ergo auch kaum nervende Nachbarn. Plus: Der durchschnittliche Ostfriese säuft 300 Liter Tee pro Jahr (!). Damit deutlich mehr als der »bekackte Engländä« (Zitat, Monty Python), und zum Essen gibt's Labskaus. Fisch und Gemüse, und die restlichen Zutaten will keiner wissen. Gesund auf jeden Fall. Ich will auch nicht wissen, was in einem Frankfurter Würstchen drin ist …

Die Show ist großartig, »weißer« Humor in Reinkultur. Die BFFs sind längst zu riesengroßen Otto-Fans geworden, und als der Barde verkündet, im Anschluss Autogramme zu geben, wird die Aufregung groß. Zugabe, Schlussapplaus und Tschüss.

Wir bewegen uns langsam in Richtung Bühne. Ja wo isserdennnu, der Meister?

Otto hoppelt unter großem Gejohle der Zwergenschar wieder auf die Bretter, die die Welt bedeuten, setzt sich kurz an den Bühnenrand und springt ins Gewühl. Strahlend, blond, gut gelaunt, mit funkelnden Augen. Autogramme gibt's. Target: clear. Mission: accepted.

Ich nehme beide Kinder an der Hand und stapfe los.

»Papa, nicht. Das ist doch urpeinlich.«

Mir egal. So eine Chance entgeht uns nicht. Rhinozeros-Modus. Brutal. Zielstrebig. Fokussiert. Ich ziehe wie ein Pflug durch die hüfthohe Fanlandschaft. Hallo Otto. Hier hast du. Ich schiebe ihm die zwei Kinder unter die Nase.

Voller Elan, aber schon mit dezenten Schweißperlen auf der Stirn, malt er ihnen Ottifanten auf die Wangen. Ich meine – in the blink of an eye – zu erkennen, dass er die Entscheidung vom Bühnenrand zu springen, dezent bereut. Einmal umarmen, einmal Foto und Abgang.

Die Mädels strahlen, lachen und sind glücklich. Nashorn ist zufrieden. Mission: accomplished.

Ich kauf mir selber noch eine Tasse im Fantendesign … um

schlappe 30 Euro?? Anyway, der Friese soll gut leben, immer nur Labskaus ... diesen Sonntag gibt's Snirtjebraten. Den hat er sich redlich verdient. Obwohl ich gar nicht wissen will, was da wieder drinnen ist.

EPILOG

*Cleese, Idle, Palin, Jones, Chapman, Gilliam. Ich habe ihn geliebt,
den Monty Phyton's Flying Circus. Wegen diesen Kerlen musste
ich Englisch lernen. And Now For Something Completely Different.*

Es muss einmal gesagt werden: Auch wenn man in einer Vater-
Tochter-Beziehung immer wieder Peinliches abliefert, bleiben
am Ende doch Spaß, Freude und ein Rückblick auf tolle Erlebnisse, über die man lacht.

Ich erinnere mich noch gut an den frisch geschlüpften Zwerg
und an mein erstes Wochenende mit ihm allein. Muttern war auf
Weiterbildung. Hoffnungslose, verzweifelte Überforderung. Was
tun mit einem schreienden Kind, das vor dir liegt? Dessen Kopf
immer röter wird, was bedeutet das Geweine? Hunger? Durst?
Heiß? Kalt? Unbequem? Hose voll? Es klingt doch alles gleich,
man kann sich nur durcharbeiten. Das Geschrei verstummt aber
nicht. Ah, der Schnuller war's. Wie simpel.

Im Laufe der Zeit lernt man die feinen Nuancen im Geplärr zu
unterscheiden und kann eindeutig zuordnen. Das ist jetzt Hunger. Das ist Durst. Das ist müde. Das ist angeschissen bis in den
Rücken hoch. Usw. Und es klappt! Warum auch immer.

Im Laufe der Jahre schaffen es die kleinen Menschen dann,
mit ihren Minifingern in die verschlossensten Kammern deines
Herzens vorzudringen. Kammern, von denen du nicht einmal
wusstest, dass sie existieren.

Wenn du noch so fertig von einer Biker-Tour heimkommst,

vollgedreckt und fertig wie Napoleons Armee anno 1813 kurz vor der Selbstauflösung – wenn Kind das Schnäbelchen weit aufreißt, dann muss da zuerst mal ein Karottenbrei reingeschoben und ein wunderschönes Kinderlied namens »Schnappi« zur Stimmungshebung eingelegt werden. Oberste Priorität. Auch wenn der Vater ob seines zerstörten Gesichts und der unzähligen Tierleichen am Lederjackerl etwas misstrauisch beobachtet wird. Rein mit der Grütze. Schön verteilt übers ganze Gesicht, den halben Fußboden, den Tisch, der Latz ist sowieso schon orangefarben, Hauptsache, es landet genug in der Futterluke. Bäuerchen, Getränk nachgeschoben. Fertig. Glückliches Gesicht, rüber in die kleine Hängematte. Einmal noch mit dem Abwaschtuch über das Kind drüberfahren … ja, es gibt Babyfeuchttücher … und alles ist wieder fein.

Vati kann sich kultivieren und sich die Bienenstacheln aus der Wange ziehen.

Auch wenn man im Märchenpark auf ein Ringelspiel gestellt wird, das nur für 6-Jährige geeignet ist, fährt man mit. In der Hoffnung, selbiges bekommt nicht Überhang und bricht. Beim Götterblitz ebenso, Hochschaubahn, keine Frage. Kind juchzt und jubiliert, Vati steht das Mittagessen schon bis zum Gaumenzapferl, aber er hält durch. Und lacht bei der Ankunft gequält. Das Miniautodrom – klar, rein mit mir. Die Beine hängen rechts und links raus, aber man kann ja mit der rechten Hand Gas geben und mit der linken Hand lenken.

Egal, was du beruflich machst, Manager, Künstler, Großverdiener, Machtmensch, Führungspersönlichkeit, Rocker, Selbstverwirklicher, Harley-Davidson-Fahrer, wenn deine Tochter aus Extrawurstscheiben eine Micky-Maus-Mütze basteln will, dann setzt du dich dazu und machst mit.

Und irgendwann wird dir bewusst: Das geht auch nie wieder weg. Es bleibt. SIE bleibt. Bis an dein Lebensende bleibt dieser Mensch, und du wirst IMMER für ihn da sein. Ihn (hoffentlich ...) niemals verurteilen, niemals verändern oder kontrollieren wollen, nicht werten, nicht richten, immer zu ihm stehen, mit einer selbstverständlichen, liebevollen, menschlichen Akzeptanz, die dir bislang vollständig fremd war. Ja, rechts und links ein paar Kurskorrekturen bei Verwirrtheit, aber sonst. Kein Herumgehacke auf Schwächen, nur Lob für Stärken und Ausbau selbiger, bitte, keine Schelte bei einer Fünf in Mathe, Fokus on the good. Fördert die Selbstmotivation. Den Ehrgeiz. Den Willen zum Erfolg, den Willen, es besser zu machen.

Der Lerneifer meines Goldlöckchens zum Beispiel kommt von ihr selbst, ohne Schub von außen. Bewundernswert. Und wenn mal wirklich was in die Hose geht, ach, pfeif drauf, schau doch, wo du überall richtig gut bist, mach DA noch mehr draus. Integralrechnen mit lauter unbekannten Gleichungen wirst du wahrscheinlich nie mehr brauchen, also schreib ab, oder schummle intelligent (hab ich nie gesagt).

Der Umgang mit Gleichaltrigen ist nicht immer friktionsfrei, aber sobald das Kind erkennt, dass man mit vier Wörtern viel besser durchs Leben kommt – bitte, danke, servus und baba –, beruhigt sich auch diese Front relativ rasch. Schimpfwörter und sich auskotzen – gerne, daheim, in einem geschlossenen Raum. Da kannst du Blut an die Wand spucken und alle Fotos von verhassten Schulkollegen zerfetzen. Aber wenn du rausgehst: bitte, danke, servus & baba. Mit Höflichkeit entwaffnest du sie nämlich ALLE. Funktioniert immer.

Dein Kind ist in jedem Zustand genauso wie es sein soll, in jedem Augenblick: perfekt. Manche allerdings behandeln den

Nachwuchs als Eigentum. Kontrolle, Freiheitsentzug, Willensentzug. Du machst, was wir dir sagen! Drohgebärden, Einschüchterungen, Konsequenzen, Taschengeldpfändung, Gewalt – verbaler-seelisch-emotionaler und im schlimmsten Fall vielleicht auch körperlicher Natur. Sie überschreiten permanent Grenzen und achten den kleinen Claim des Zwergs nicht. Der ihm aber ALLES bedeutet. Das ist SEINE Welt. Lasst ihm doch die kleinen Geheimnisse, die Verstecke, das Geflüster, das Tagebuch, den Hauch einer Privatsphäre.

Wenn sie dann in die Welt hinausgehen, schön klein gehalten, verunsichert, nicht mit dem Selbstvertrauen und dem Selbstwert eines Halbgottes bewaffnet, warten die Eltern fast schon auf den ersten Niedergang, um keck sagen zu können: »Siehst du, haben wir dir ja gesagt, du schaffst das nicht allein.«

Schnitt.

Wenn ich mir meine 15-jährige Tochter jetzt ansehe, dann staune ich. Sie ist selbstbewusst, hat einen klaren Fokus, einen starken Willen, wache Augen, hat ein gesundes Selbstwertgefühl, Eigenmotivation, Begeisterung, ist zuverlässig, voller Enthusiasmus, interessiert; steht für alles ein, was ihr wichtig ist, und hat kein Problem, ihre Stimme zu erheben, wenn ihr etwas nicht passt (okay, halt im Bruce-Willis-Jargon ...). Aus diesem Holz müssen unsere Kinder geschnitzt sein, sie bedeuten Zukunft! Sie sind Zukunft.

Sie ist zwar noch etwas weich geformt, aber in zwei Jahren steht sie am Rande des Horsts, hebt ihre Schwingen und stürzt sich einem Weißkopfadler gleich in das Erwachsenenleben.

Dass es oft nicht einfach sein wird, weiß sie, wobei ich immer darauf bedacht bin, ihr nichts schlechtzureden, keine Disneylandromantik aufkommen zu lassen und Selbstkritik im Keim zu ersticken. Deine großen Kritiker sitzen ohnehin überall im Außen, da muss man selbst nicht auch noch aufzeigen.

Es werden gute Dinge passieren, es werden »Lernaufgaben« auf sie zukommen. Freude, Liebe, Kummer, Schmerz. Aber eines wird immer konstant bleiben. Sie wird immer ihren Wert kennen, und ich werde über sie wachen. Aus der Nähe oder aus der Ferne. Wenn Gefahr im Verzug ist, kommt Iron-Dad angeflogen. Ansonsten beobachte ich aus der Distanz. Bis mich dann irgendwann das Universum in eine andere Ebene das Daseins transformieren wird. Bin gespannt, was Hugh Hefner in all den Jahren da oben getrieben hat, zumal der Islam ja nach wie vor an 72 Jungfrauen im Himmel glaubt ... na, wenn die wüssten ... das kann was werden.

Amen.

Thanks to all the inspirierenden Menschen in meinem Leben.
Ich erwähne euch namentlich nicht, um euch zu schützen ...
(Nein, weil ich sicher jemanden vergesse, und das ist *urpeinlich*.)

Habt Geduld mit mir. Es wird schon. Die ersten 50 Jahre der Pubertät sind die schlimmsten. Dann wird's besser.

Dass ich's nicht vergesse – Danke auch an Gott.
Sagen die bei den Oscarverleihungen doch auch immer. Egal ob Moslems, Juden, Protestanten, Scientologen – alle bedanken sich bei Gott. Ich persönlich glaube ja, dass Gott eine Frau ist. Eine schwarze Frau. Verspielt, humorvoll, experimentierfreudig und gütig. Unpackbar multitaskingfähig, mit einer ziemlich sadistischen Ader allerdings. Jeder hat seine Schattenseiten, nicht wahr? Warum nicht also auch Gott. Schwafle ich schon wieder? Okay, ich hör jetzt auf ...

PS. Goldlocke beginnt allmählich damit, Tattoos urlässig zu finden. Was sagt man dazu? Es wird. Sie wird. Alt.

Gedruckt mit freundlicher Unterstützung durch

Umschlaggestaltung: Boutique Brutale, www.boutiquebrutal.com
Druck und Bindung: Interpress, Budapest
© Milena Verlag 2018
A–1080 Wien, Wickenburggasse 21/1–2
ALLE RECHTE VORBEHALTEN
www.milena-verlag.at
ISBN 978-3-903184-17-6

UNSER GESAMTVERZEICHNIS
FINDEN SIE AUF WWW.MILENA-VERLAG.AT